アジアの鉄道旅行入門

令和最新版

植村 誠

Temjin
天夢人

旅鉄HOW TO 013

アジアの鉄道旅行入門　令和最新版

目次

序章　旅をはじめる前に～

第1章　台湾

第2章　韓国

第3章　タイ

ロシア
ウランバートル
モンゴル
北朝鮮
平壌
北京
ソウル
韓国
東京
日本
中国
ンプー
ータン
ラデシュ
台北
台湾
ミャンマー
ネピドー
ハノイ
ラオス
ベトナム
ビエンチャン
マニラ
タイ
フィリピン
パラオ
マルキョク
バンコク
カンボジア
プノンペン
コタキナバル
ブルネイ
バンダルスリブガワン
マレーシア
クアラルンプール
シンガポール
シンガポール
インドネシア
ディリ
ジャカルタ
東ティモール

はじめに

鉄道は、はじめての土地でもわかりやすく便利な乗り物です。

なにをさておいても乗り場や路線が明解。街から街、あるいは街から田舎まで――路線図を見れば駅から駅までのルートが一目瞭然なのは大きな強みといえるでしょう。乗り降りする駅も地図上で探すのが比較的容易なのも利点です。これは、旅行者自身が行動を判断しなければならない個人旅行の頼もしい味方であることを示しています。

たとえばバスと比べてみるとどうでしょう？　バスターミナルが整備されているケースもありますが、バス停探しや乗車するバス選びに迷った経験を持つ人だって多いハズ。もちろんバスだって便利な乗り物ではありますが、こうした点などからはじめての土地や外国において不安に感じる人が多いのではないしょうか。本書で取り上げている国を歩いていても、外国人だけでなく地元の人々が迷っている場面に遭遇するのはそう珍しいことではありません。

一方で、鉄道が持つわかりやすさは、たとえはじめて訪れた土地であっても不安感を和らげてくれます。これが一般の道路を走るバスと大きく異なる点で、それが利用しやすさにつながっているのです。

とはいえ、はじめて海外旅行に出かけたり、鉄道利用になじみがなかったりする人にとっては、鉄道旅行もちょっとしたチャレンジかもしれません。そこで、本書では日本から比較的近いアジア諸国のなかから、比較的訪れやすい国をピックアップし、それぞれの国の鉄道の基本的な利用方法やプランニングのコツからちょっとした応用編、鉄道旅の魅力などを紹介してみました。

外国で鉄道メインの旅を楽しむ――。本書がその一助となれば幸いです。

■本書における地名などの表記について

外国の地名などのカタカナ表記については、著者の考えに基づいて次のルールとしました。

・特に著名な地名などは一般で用いられている表記を優先。例：メコン（メーコン）、アユタヤ（アユッタヤー）、ロッブリー（ロップブリー）など

・上記以外で現地における発音と著しく異なる場合、現地取材に基づき既刊の出版物などと異なる表記を採用しているケースがあります。例：キリラートニコム（キリラッタニコム）、ゲンコーイ（ケンコーイ）、ルアンパバーン（ルアンプラバン）など

・ヴァヴィヴヴェヴォは用いません。例：ビエンチャン（ヴィエンチャン）、ベトナム（ヴェトナム）など

旅をはじめる前に〜

海外旅行にはなにが必要?
初歩的なノウハウをまず覚えよう!

海外鉄道旅行の楽しみ〜各国ごとの個性も魅力

本書で紹介するのは、台湾と韓国、タイ、マレーシア、ラオスの5つの国と地域（以下、5カ国）。鉄道の旅の魅力はもちろんだが、日本から比較的近く、渡航手続きや治安面などの点からも訪問しやすい国を取り上げている。

たとえば、韓国であれば東京（羽田・成田）〜ソウル（仁川・金浦）間は片道2時間少々。タイやマレーシアでも日本との直行便で6〜7時間台という道のりだ。5カ国中ではラオスのみ日本との直行航空便が運航されていないが、タイとの間に国際列車が運行されており、タイの首都バンコクなどからラオスの首都ビエンチャン郊外まで鉄道で辿るコースが鉄道ファンやバックパッカーの人気ルートとなっている。東南アジアの旅ではこうした陸路による国境越えも東南アジア鉄道旅の楽しみのひとつ。日本では体験できない旅シーンを体験してみよう。

詳しくはそれぞれの章で紹介するが、タイ～ラオス間のほかでは、タイ～マレーシア間とマレーシア～シンガポール間も鉄道で国境越えができるので、シンガポール～ラオス間の鉄道乗継ぎ旅も可能だ。また、ラオスでは２０２１年12月にビエンチャンと中国南部の都市・昆明(クンミン)とを結ぶ「ラオス中国鉄道」が開業。今後はバンコクを経由しシンガポールに至る高速鉄道が計画されている。そのほか、タイ～カンボジア間も線路がつながっている。こちらはいまのところ定期旅客列車が運行される気配はないものの、ほかの交通機関を乗継いで国境越えをする旅人も多い。

一方、台湾では日本の新幹線技術が採用された台湾高速鉄道をはじめ、日本との交流が盛んなことなどから、日本人にとって比較的親しみやすい鉄道といえるだろう。

韓国では高速鉄道ＫＴＸにフランスの技術を投入したほか、日本では希少価値となっている機関車牽引の旅客列車が多数健在しているなど、日本の鉄道と異なる味わいが魅力だ。近年は韓流ブームの影響もあって世界各国から観光客が訪れており、観光面での受け入れ体制も充実している。

パスポートとビザ〜出入国の流れ

パスポートってなに？

海外旅行に必携なのがパスポート（旅券）だ。これは、所持者が日本国民であることを証明する公文書で、日本での出入国にさいしてはもちろん、渡航先での出入国においてもなくてはならないアイテムである。

日本国のパスポートは5年用と10年用の2種類（18歳未満の場合は5年用に限定）。所持者の顔写真と氏名、パスポートの有効期限などが印字されているほか、内蔵されているＩＣチップにも顔写真を含む所持者の情報がインプットされている。パスポートは冊子になってお

り、空欄ページにビザ（後述）や出入国のさいにスタンプが押印されるが、近年では日本をはじめとして出入国のスタンプを省略する国が増えてきた。

パスポートを入手しよう

パスポートは申請者の住民票がある都道府県の旅券窓口で申請し、通常は1週間前後で発給される。受け付けはパスポートセンターのほか、市町村役場に窓口が設けられている（自治体によっては窓口がない場合もある）。また、オンライン申請を受け付けている自治体もあるが、受け取りは本人が旅券窓口を訪れる必要がある。

申請に必要な書類など

- ●一般旅券発給申請書：都道府県のパスポートセンターや市町村役場で配付されているほか、外務省の公式サイト（https://www.mofa.go.jp/mofaj/toko/passport/）でのダウンロードも可能。未成年者の場合は親権者などによる同意書が必要。
- ●戸籍謄本：6カ月以内に作成されたもの（更新時に有効期間内のパスポートがあり、記載事項に変更がない場合は原則不要）。
- ●住民票の写し：住民基本台帳ネットワークシステム利用を希望しない場合と、単身赴任先など住民登録外の都道府県で申請する場合のみ必要。
- ●写真1葉：縦45mm×横35mmの縁なしで、申請日前6カ月以内に撮影されたもの（写真店などで「パスポート用」と指定するのが確実）。
- ●本人確認ができる書類など：運転免許証、マイナンバーカードなど（1点）。所持していない場合は、健康保険証など公的証書と写真貼付のある学生証・社員証などを持参（公的証書と写真つき書類の計2通が必要）。
- ●更新の場合、有効期間内のパスポートがある場合は持参が必須。
- ●発給手数料：10年間有効：1万6000円。5年間有効：12歳以上は1万1000円、12歳未満は6000円。

パスポート取得の流れ

1
市町村役場や外務省ホームページなどから申請書を入手。必要な書類などを用意。

2
住民票のある都道府県の旅券窓口または市町村役場内の旅券担当窓口（自治体によっては設けられてない場合がある）に申請書などを提出。申請は代理人でも可能だが、代理人の本人確認が必要。また受け取りは本人のみとなる。オンライン申請については住民票のある都道府県の公式サイト経由で。

3
申請後７～10日間前後で発給。受領にさいし、申請時に発行された受理票と発給手数料（証紙・印紙は受け取る役場などで購入できる）をもって受け取る（オンライン申請の場合も同様）。

ビザ（査証）ってなに？

パスポートを入手したら、いつでも海外に出発することができる。しかし、国や入国目的によってはビザ（査証）が必要なケースがあるので計画を立てるさいにチェックしておきたい。

ごく単純にいえば、身分証明書のパスポートに対し、ビザは入国事由確認書だ。申請は訪問国の大使館や旅券事務所で、国によってはオンライン申請や入国時に到着空港などで発給する「アライバルビザ」を実施しているケースもある。ビザは観光や留学、ビジネスなど入国目的ごとに申請し、所定の手数料がかかるのが一般的だ。

本書で取り上げている5カ国は短期観光の場合はビザが不要だが、コラムで触れているカンボジアと中国は目的を問わずビザが必要（カンボジアはアライバルビザに対応している）。不要な場合でも、国ごとに有効滞在期間が設定されているほか、出国の予約済み航空券などが必要などのルールが設けられている。また、ビザが不要なケースでも、事前にオンライン申請（電子渡航認証）が必要な国がある（本書では韓国とマレーシアが該当する〈50・116ページ〉）。ビザの要不要を含め、こうしたルールは随時変更される場合があるので、計画時はもちろん、出発日が近づいてきたら再度チェックする習慣をつけよう。

計画を立てる

●鉄道ダイヤは事前に調べられる?

ソウルやバンコクなどの大都市で地下鉄や都市電鉄のみを利用する場合はさておき、鉄道の旅で中長距離列車を利用するということは、ある程度以上の移動を伴う旅となる。したがって、訪れたい街や観光ポイントなどのほかに乗ってみたい列車などの下調べが重要な要素となってくる。

鉄道旅の計画でまずチェックしたいのが時刻表だ。しかし、諸外国では日本のような時刻表が市販されているケースは稀。一方で公式ウェブサイトで時刻表を公開したり、サイトやアプリを通して列車検索や予約ができる国も増えているので、計画を立てるにあたってそうしたサイトを活用するのがおすすめだ。本書で紹介している5カ国は、いずれもウェブサイトによる列車時刻案内や列車予約に対応している（「ラオス中国鉄道」は専用アプリのみ。一部対応外の路線や列車もある）。それぞれの国の紹介ページに鉄道路線の該略図のほか、主要鉄道会社の公式サイトやその利用方法にも触れているので参照してほしい。

●宿の予約は必要？

私の場合、スケジュールが決まっている場合はネットの予約サイトで事前予約することが多いが、初心者にとっても安心感が高くおすすめできる。一方、行程や国によっては現地で歩きながら探すことも多く、この方法も慣れると旅の楽しみのひとつになるように思う。

●持ち物はどうする？

鉄道主体の旅で重視したいのは、なによりも動きやすさ。1カ所のホテルで連泊するのとは異なり、列車に乗って移動することを考えると、バックパックをおすすめしたい。私の場合、1週間程度の旅であれば35リットルのバックパックとカメラバッグに持ち物を収める。このサイズだと飛行機の機内持ち込みもほぼ問題はないし、列車内の網棚にも乗せやすい。さらに長期間の旅の場合でも途中で衣類の洗濯をしながらということになるので、やはりこの程度のサイズで十分だろう。また、列車の乗降口と駅ホームが水平になっている日本と異なり、タイや韓国などでは駅ホームが低いケースもあるので、乗り降りのしやすさを考えると大型のトランクなどは避けたい。

持ち物を私の例でいうと、必要な量の衣類と下着類、ハミガキと簡単な洗面用品、念のため胃腸薬と風邪薬、絆創膏など。そしてカメラ関係。あとはパスポートと予約書のプリント（航空券や事前予約した列車、ホテルなど）と現金・クレジットカードである。

現地通貨は、本書で紹介する5カ国の場合は到着後の両替がおすすめ。空港内に銀行などの両替ブースがあり、いずれも円からの両替ができる。地方などで例外もあるが、国際空港内ではほぼ問題はないし、街中の銀行などを利用してもいい。両替所がみつからなかったり、円からの両替ができない場合などはＡＴＭを利用したキャッシングを利用するテもある。買い物のさいの利用を含め、複数のクレジットカード（マスターとＶＩＳＡなど）を持参しておくと安心感がある。

●旅行保険ってなに？

旅行保険は旅行中のアクシデントに対応した保険だ。旅行中に生じた傷害や疾病関連の医療費、物損の補償などに対応している。空港の出発ロビーに販売ブースが設けられているほか、ウェブサイトで購入することも可能。商品によって補償内容は異なるので、内容を十分に検討しておくこと。クレジットカードのなかには予め旅行保険が付帯しているケースもあるが、該当カードで航空券などを購入した場合や団体ツアー参加時のみ有効など、カードによって内容が異なるので、こちらもその内容をチェックしておきたい。

●日本とのアクセスを調べる

最もポピュラーなのは航空利用。運行便や運賃は各航空会社のウェブサイトが確実だが、旅行代理店のサイトや店頭をチェックするのもおすすめ。また、航空券検索サイト「スカイスキャナー」(https://www.skyscanner.jp) も便利で、出発地と目的地、日付などを入力して検索すると、各航空会社のダイヤと運賃が一覧で表示される。航空会社や旅行代理店のサイトにもリンクしているので使い勝手も悪くない。

距離的にみて台湾と韓国は直行便となるが、東南アジアへは経由便も選択肢となる。さきの「スカイスキャナー」で日本～東南アジア間を検索すると、仁川経由のほか台湾の桃園（タオユエン）国際空港経由なども検索結果に出てくる。一概にはいえないが、経由便は時間がかかる反面、直行便より割安な運賃となっているケースも多く、検討してもいいプランといえるだろう。

航空以外では、日本～韓国間では下関・博多～釜山（プサン）間の高速船やフェリーが運航されているほか、神戸港～釜山間や那覇と台湾の基隆（キールン）間にも旅客便が運航されている。

言葉はどうする？

旅先の国々の言語を使いこなせるにこしたことはないが、鉄道旅はもちろん普通の観光旅行では最低限のやりとりで済むものだ。私の場合は、現地の言葉で簡単な挨拶（こんにちは、ありがとう、いくらですか？――など）程度をほんの少しだけ覚えるぐらいで、あとは何度か訪れながら少しずつマスターするようにしている。ほかに、多少のカタコト英会話に頼ることもあるが、案外この程度で旅が楽しめるのも事実で、あとは自分自身のスキルや目的に合わせてコミュニケーションを楽しめばいいのではないだろうか。

鉄道旅では、現地の駅などで切符を購入するさいにはメモ（乗車区間と列車番号、日付、枚数などを記したもの）を使うのもおすすめ。また、国によって写真撮影の可否に不安があったさいなどに、事前に「記念に」「写真を撮っていいか？」などの現地語メモをつくり、単語帳のようにして活用したこともある。筆談と合わせ意外と重宝したものだ。

出入国の流れ

国際線（空路・船舶）利用の流れは各国ともほぼ同一。国と地域によって注意が必要なケースと陸路による国境越えについては、該当国内の項目に記したので参考にしてほしい。ここでは出入国の基本的な流れを簡単に記しておこう。

出国	
1	空港到着
2	利用航空会社のカウンターでチェックインし、搭乗券を受け取る。搭乗口はここで確認。事前にウェブなどでチェックイン済みで、預け荷物がある場合は利用航空会社の手荷物カウンターなどで手続き。（チェックインなどの締切時刻は事前に航空会社のホームページなどで確認）
3	保安検査
4	搭乗時間（おおむね出発30～40分前から。搭乗券に記してあるが、変更される場合があるので空港内の案内表示もチェック）まで自由時間～買い物や飲食など
5	早めに搭乗口へ。搭乗案内を受け飛行機へ

入国	
1	空港到着
2	出入国管理カウンター（以下、イミグレーション）で入国手続き。（イミグレーションへの通路に検疫ブースが設けられていることもあるので、発熱など健康上の不安がある場合は申し出る）
3	入国のさい、国によっては指定の申請用紙に記入しパスポートとともに提出（用紙不要の場合はパスポートのみだが、乗ってきた航空便の搭乗券の提示を求められる場合があるのでなくさないように注意）。なお、本書で紹介する5カ国では通常は質問されることはあまりない（ボルネオ島を除く）
4	預け荷物がある場合は便名などを確認して指定レーンで回収
5	税関通過（指定された申告物がある場合は申告。本書で紹介する5カ国の場合、申請物がない場合はそのままスルーできるが、バッグなどのX線検査を求められることもあるので、その場合は協力する）
6	無事入国

入国後すぐに済ませておくと便利なこと

現地空港に着いてまず済ませておきたいのが両替。空港内に銀行の両替ブースが出ているので便利だ。手持ちの円とパスポートを出せばすぐに対応してもらえる。店頭には必ずレートが掲示されているので、その場で受け取りの現金とレシートとともにチェック。問題がなければレシートにサインすれば完了だ。このとき、おカネのチェックは必ずその場で済ませることが大切。一旦その場を離れたあとでは対応してもらえないからだ。なお、再両替のさいに提示を求められることがあるので、レシートの控えはなくさないように。

次に、必要な人は現地用のＳＩＭカードを購入。こちらも空港内にブースがあるので、そこで日数やデータ量、ＳＩＭタイプ（通話・ＳＭＳ・ネットのみ）を選択して店員に手持ちのスマホを提示すれば手続きをしてもらえる。また、対応機種を使っている場合はｅＳＩＭを利用してもいい。

第1章

秘境路線から新幹線まで。多彩な鉄道旅が待つ！

台湾を知ろう

**地形の変化に富んだ多民族が暮らす島
急速な経済発展を遂げたなか、
鉄道は日本とのゆかりも強い。**

台湾は韓国と並び日本から近い外国ということもあり観光で訪れる人が多い。

面積は九州程度の広さで、いくつかの離島を擁している。ユーラシアプレートとフィリピン海プレートの境界に位置していることなどから地形の変化に富んでいるのも特徴だ。比較的平地の多い西海岸側に対し、東海岸側は海岸沿いまで山地がせり出すなど複雑な地形を形成。内陸部では島をほぼ南北に沿って山脈が形成され、標高3952mの玉山を筆頭に3000m級の山々が連なるなど秘境色が強い。したがって、台北をはじめ大都市を擁し台湾高速鉄道も走る西海岸側に対し東海岸側はローカル色が濃厚で、このあたりは九州の鉄道事情にも通ずるものがある。また、気候面ではほぼ中央部に北回帰線が通り、その北側が亜熱帯で南側が熱帯とされている。

多民族で構成されているのも台湾の特徴だ。台湾には古来から多くの民族（原住民）が暮らしており、島内の各地域に居住域が形成されて、それぞれ独自の文化や風習を守り暮らしている。多民族の共生は近代にかけて深化し、中国大陸からの漢民族系の移民やオランダなどヨーロッパ、日本からの移民などが暮らすようになった。また、一時は日本の統治下にあったため、日本式の建築物をはじめ、日本の文化が流入し受け継がれている面もある。鉄道もその時代に建設され、鉄道旅をしていると各施設や車両などに日本のニオイを感じるに違いない。

一方、昨今の経済発展が著しいのも台湾だ。２０２３年の1人あたりのＧＤＰは世界第12位（7万３３４４米ドル）。その前年には日本を越え東アジアの筆頭となった。それを支えるのが電子産業で、情報通信分野やバイオテクノロジーなどでも世界に存在感を示している。

観光名所のひとつである猫空ロープウエイから台北市街を望む。とりわけ台湾西部エリアの発展は著しい。

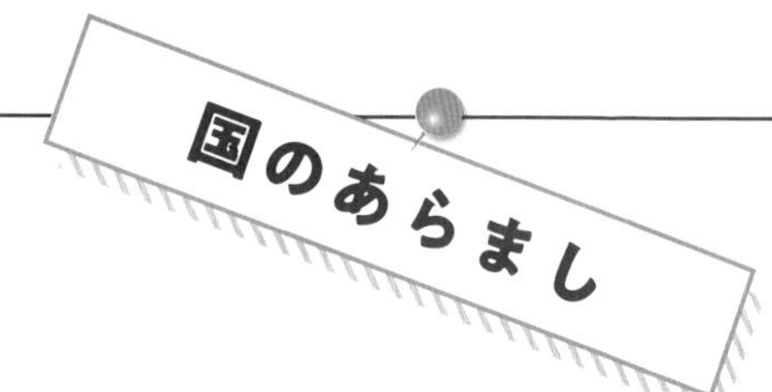

正式国名	中華民国 (現状では、日本国は台湾を独立国家として認めていない)		
政治体制	民主共和制	首都	台北
面積	約３万6000㎢(九州程度)	公用語	中国語など
日本との時差	マイナス１時間（標準時＋８時間）		
通貨	台湾元（ユアン。１圓＝約 4.8 円)。		
衛生	水道水を含む生水の飲用は避けるほうが無難。デング熱など感染症の流行が起きるケースも。		
気候	亜熱帯（北部)、熱帯（南部)。６～９月ごろは台風の接近も多く、降水量はこの時期が最も多い。概ね温暖だが、地域によっては冬期に 10 度台まで下がることも。		
主要玄関	台湾桃園国際空港（台北)、台北松山空港（台北)、高雄国際空港（高雄）		
入国書類	日本国籍の場合、観光目的については 90 日までビザ不要。ただし、パスポートの有効期間が３カ月以上あることと出国交通機関の予約済みチケットを所持すること。		
電源	110V/60Hz。プラグは A タイプ（日本と同じ)。		
飲食や買い物事情、トイレなど	街中には食堂や商店（コンビニエンスストアを含む）が多く、秘境系訪問を除けば概ね心配はない。主要駅には売店や飲食店が併設されている。トイレは座式としゃがみ式が混在。トイレットペーパーは詰まりを避けるため個室内に設置されている容器に。		
鉄道以外の交通機関	都市間バスを含む路線バス網が充実。		
治安状況	おおむね良好。道路横断時には日本と異なる交通事情もあり要注意。		

台湾の鉄道路線MAP

八斗子
基隆
八堵
深澳線
台北松山空港
南港
九份
台湾桃園国際空港
瑞芳
桃園
台北
板橋
菁桐
十分
平渓線
桃園
六家
新竹
新竹
六家線
西部幹線
竹南
竹中
内湾
内湾線
宜蘭
宜蘭線
蘇澳新
蘇澳
台湾海峡
海線
山線
北迴線
台中
台中
台湾島
太魯閣
彰化
新烏日
花蓮
集集
車埕
台湾高速鐵路
二水
集集線
石猴
玉山
祝山
嘉義
嘉義
阿里山
阿里山森林鉄道
台東線
台南
沙崙
台南
中洲
沙崙線
左營
屏東
台東
新左營
高雄
九曲堂
フィリピン海
屏東線
南迴線
枋寮
恒春

台湾の鉄道路線一覧

台湾鉄道公司（旧・台湾鉄路管理局）			
路線名	区間	距離	備考
縦貫線	基隆〜高雄	404.5km	北段（〜竹南）、海線（〜彰化）、南段（〜高雄）に分類される
台中線（山線）	竹南〜彰化	85.5km	同区間は同線と縦貫線の海線に分岐
成追線	成功〜追分	2.2km	
屏東線	高雄〜枋寮	61.3km	
宜蘭線	八堵〜蘇澳	93.6km	
北廻線	蘇澳新〜花蓮	79.2km	
台東線	花蓮〜台東	150.9km	
南廻線	枋寮〜台東	98.2km	
平溪線	三貂嶺〜菁桐	12.9km	
深澳線	瑞芳〜八斗子	4.7km	
内湾線	新竹〜内湾	27.9km	
六家線	竹中〜六家	3.1km	高鐵との接続路線
集集線	二水〜車埕	29.7km	
沙崙線	中洲〜沙崙	5.3km	高鐵との接続路線

*貨物専用線など一部を除く。

台湾高速鉄路		
路線名	区間	距離
台湾高速鉄道（高鐵）	南港〜左営	348.5km

阿里山森林鉄路（一部区間運休中）			
路線名	区間	距離	備考
阿里山線	嘉義〜沼平	72.7km	嘉義〜十字路間運行中
神木線	神木〜阿里山	1.7km	
沼平線	阿里山〜沼平	1.3km	
祝山線	阿里山〜祝山	6.3km	
眠月線	阿里山〜石猴	8.0km	運休中

＊捷運（都市電鉄）は35ページ参照

台湾の鉄道網

台湾版新幹線である台湾高速鉄道には、JRの700系から派生した700T型が活躍している。

台湾では、日本のJRに相当する台湾鉄道公司（2024年1月に台湾鉄路管理局から改組。以下、台鐵とも）が在来線の周回幹線と支線を運営しているほか、台湾新幹線とも呼ばれる台湾高速鉄道（以下、高鐵とも）を台湾高速鉄路が運行している。

台湾鉄道は定期旅客営業がある14路線1059kmのほか貨物路線などを路線網に持つ。うち旅客８路線によって周回ルートを構成しており、大別すると台北をはじめ大都市を沿線に擁する西部幹線（基隆～枋寮）と東海岸沿いをカバーする東部幹線（八堵～台東）、両線間を台湾南部で結ぶ南廻線（枋寮～台東）からなる環状路線となっている（西部幹線の起点・基隆は飛び出し区間）。比較的平地が多い西海岸側に人口が集中している一方、東海岸側は海岸沿いに峻険な地形が連なるなどローカルムードが色濃い。支線は周回ルートに接続する盲腸線が４路線あるほか、台湾高速鉄道との接続路線が２路線営業中。そのほか、1998年に西部幹線のルート変更により廃止された「旧山線」（三義～豊原間15.9km）でレールバイクが営業しており、2024年中に観光列車の運行が計画されている。

高鐵は台北市内の南港と高雄市の左営間348.5kmの高速鉄道で、最高速度300km/hで運行している。日本の新幹線技術がはじめて海外に進出して完成した路線であり、東海道・山陽新幹線の700系新幹線をベースにした700Ｔ型が現在も活躍中だ。なお、JRと同様に台湾鉄道（在来線）はJR在来線と同じ1067mm、高鐵は新幹線と同じ1435mmを採用している。

また、24年１月現在、台北およびその近郊をカバーする台北捷運をはじめ３都市圏に、都市電鉄に相当する捷運が運行されている。うち2017年に開業した桃園捷運は、台湾の主要国際空港である桃園国際空港と台北駅などを結び、空港連絡の利便性を向上させた。各捷運は今後の延長も計画され、台鐵や高鐵ともリンクした鉄道網の一部として発展してゆくことになるだろう。

そのほか、嘉義（ジャーイー）を起点とする阿里山（アーリーシャン）森林鉄路はスケールの大きな森林鉄道で、内外の鉄道ファンの憧れのひとつ。三重に展開するループや各所にスイッチバックが設けられているなど森林鉄道ならではの鉄道シーンが展開。阿里山で迎えるご来光など、観光鉄道として賑わっている。

日本と似て非なる運行形態 どんな列車が走っている?

高鐵は、日本の新幹線と同様に主要駅のみ停車する速達型と各駅停車、その中間型が運行されている。新幹線とは異なり「のぞみ」「はやぶさ」といった列車名（愛称）はつけられておらず、運行案内や切符販売には列車番号が使われている。編成は普通車両とビジネス車両からなり、普通車両に指定席と自由席があるといった点はJRの方式とほぼ同じだ。

在来線の台湾鉄道は「非対号列車」と「対号列車」に分かれている。

「非対号列車」はJRの「普通列車」（快速系列を含む）に相当。各駅停車の「区間車」と快速に相当する「区間快車」があり、日本の普通列車と同様に利用できる。

「対号列車」は座席指定列車を指し、特急に相当する「自強号（ツーチャン）」と急行に相当する「莒光号（キョコウ）」がある（「莒光号」は2024年中に廃止される予定）。ともに愛称ではなく列車種別としての扱いで、「自強号」には「太魯閣（タロコ）」、「普悠瑪（プユマ）」、「自強」の3種が設定されている。このうち「太魯閣」と「普悠瑪」は事前の座席指定が原則で後で触れるICカード式乗車券での利用はできない。

そのほか、「観光列車」が旅行代理店とのタイアップで運行されている。

対号（優等）列車は指定席が基本だが、高鐵では自由席の設定も。写真は高鐵普通車の車内。

台湾のおすすめ路線
山あい深くに古い街並が浮かぶ平溪線（ピンシー）

台湾の各路線のなかで、入門旅におすすめしたいのが平溪線である。

平溪線は基隆側の渓谷を臨む秘境めいたロケーションの三貂嶺（サンディァオリン）駅を起点に内陸部に進み、山あいに開けた小さな街・菁桐（ヂントン）に至る全長20.0kmの非電化ローカル線だ。列車の起点は北廻線の瑞芳（ルイファン）駅で、台北からほぼ1時間とアクセスも良好。気軽な日帰りトリップ向けのローカル線でもある。

列車は三貂嶺を出てまもなく北廻線と分かれ基隆河に寄り添うように山あいへと分けいってゆく。最初の見どころは十分（シーフェン）駅を目前に商店街の軒先きをかすめる十分老街で、漢字の看板が連なる街並みの細い路地から列車が顔を出すシーンは撮影地としても人気だ。つづく平溪駅前後でも老街をかすめ、終点の菁桐を目指す。沿線はかつて炭鉱で賑わい、菁桐駅構内をはじめ往時の遺構が残るほか、沿線の大半で秘境が味わえるのも魅力。台北からの日帰り際に全駅踏破も可能なので、じっくりと散策にふけるのも興味深い。

なお、列車起点の瑞芳からは映画の舞台としても知られる九份（ジーフェン）にアクセスできるほか、瑞芳～三貂嶺間の猴硐（ホウトン）周辺に位置する猴硐猫村で多数のネコたちが出迎えてくれるのも楽しみ。

十分老街の細道をゆくひとときは平溪線のハイライト（運行中の列車内から撮影）。

平溪老街では、三孔溪に架かる古い橋梁で老街を形作る建築群から列車が顔を出すシーンも。

車両のバラエティを見てみよう

近年は旧型車両の淘汰が進み刷新が著しい台湾の鉄道車両。その一部を紹介。

「自強号」で用いられているE1000系。編成前後に機関車を持つプッシュプル編成だ。

高鐵で活躍する700T型。内外観ともに日本の新幹線を彷彿とさせる。

区間車を中心に運用されているEMU500型電車。車内の一部はクロスシートも採用。

普悠瑪号に用いられているTEMU2000型電車は最高速度140km/h。

非電化支線を中心に活躍するDR1000型気動車。

乗車券のルールと切符の買い方 ICカード式乗車券やアプリも便利！

アプリやＩＣカード乗車券がおすすめ

台湾の鉄道では、日本と同様に通常の紙の切符のほかICカード式乗車券やスマホアプリを利用することができる（捷運は紙の乗車券ではなくトークン＜コイン形の乗車券＞を採用）。このうち、ICカードは非対号列車のほか「自強号」（「太魯閣号」と「普悠瑪号」を除く）と「莒光号」も「自願無座（32ページ参照）」扱いで利用できる（次項参照）ほか、台湾鉄道（在来線）の「区間車」運賃が1割引になるなどの割引制度も取り入れられている。駅売店やコンビニ、バスなど幅広い利用ができるので、台湾に着いたらぜひ入手したいアイテムだ。

ひとつ注意しておきたいのは改札構内の入場時間。列車遅延などを除き、80km以内の駅区間で2時間、81km以上で5時間をそれぞれ超過した場合、エリア（北部・南部）内の最大区間運賃が徴収される。

窓口での購入は日本と同じ。自販機での購入も可能で、漢字表記な点は日本人にはありがたい。

対号列車は打切り計算

台鐵では、乗車券は区間車（区間快車を含む。以下同）を除き特定の列車乗車区間ごとの打切り計算が原則。

「対号列車」を利用する場合、日本式の乗車券+特急券という方式ではなく、列車種別ごとに包括運賃が設定され、運賃は1乗車ごとに打切りで計算される。区間車（非対号列車）および自願無座のみの乗継ぎの場合は乗車券が発駅から目的地まで有効（台北～台中間の乗車券で、途中の竹南で列車を乗継ぐようなケース）だが、この場合も改札を通ると打切り計算となるきまりだ。

台湾流「立席特急券」——「自願無座」

「太魯閣号」と「普悠瑪号」を除く「自強号」と「莒光号」には座席指定をしない「自願無座」という乗車方法がある。「無座」とはいっても、空席があれば適宜座ってもよく、朝夕には通勤・通学利用も普通にみられる。

台鐵では「普悠瑪／普悠瑪号」を除きICカードのみでの乗車も可能。高鐵には一部自由席も儲けられている。

ICカード乗車券による乗車はこの制度に準ずる。「自強号」の場合、1列車あたり70kmまでは「区間車」運賃の1割引、71km以上になると超過区間の「自強号」運賃が徴収される仕組みだ。したがって、短区間なら「区間車」と同様に利用できるわけで、日本にはないユニークなサービスといえるだろう。また、「莒光号」は距離制限なしで「区間車」運賃の1割引で乗車できる。「太魯閣」と「普悠瑪」は原則として事前に座席指定が必須のためICカード式乗車券での乗車はできないが、「自願無座」扱いの乗車券が当日売りされる場合がある。

台湾の ICカード乗車券	悠遊卡（ヨウヨウカー／Easy Card）
	一卡通（イーカートン／iPASS）
	愛金卡（アイジンカー／icash）

購入・チャージは駅自販機、コンビニなどで。

台湾のおもな鉄道アプリ

アプリ名	言語	アプリでできる内容
台湾鉄道アプリ	中国語・英語	時刻表検索、乗車券・購入（クレジット決済）、予約履歴確認、運行状況検索
T Expuress （高鐵）	中国語・英語	時刻表検索、乗車券の予約・購入（クレジット決済・app内課金）

フリー切符も便利

台鐵では全線乗り放題の「TR-Pass」をはじめ、周遊券スタイルの切符を発売している。使い方は日本のフリーきっぷ類と同じで、使い方次第でおトク度がアップ！

おもなフリー切符

名称	有効区間	有効日数	値段	備考
TR-Pass	台鐵全線（旧山線を除く）	3日用・5日用	3日用1800圓、5日用2500圓	対号列車の座席指定可
平溪、深澳双支線一日周遊券	発駅～平溪・深澳線全線	1日	80圓	板橋～羅東間と平溪線内主要駅で発売
内湾一日周遊券	発駅～内湾線全線	1日	95圓	台中～松山間と内湾線内主要駅および六家駅で発売
集集線一日周遊券	発駅～集集線全線	1日	90圓	竹南～斗六主要駅、大甲、沙鹿駅で発売

おもな駅と駅利用のヒント

駅の利用方法は日本と大きくは変わらない。列車の発車案内も整っており、おおむね日本と同様の感覚で利用できる。主要駅として挙げられるのは、台北、台中、高雄、台東（タイドン）、花蓮（ファーリェン）、基隆で、支線との乗継ぎ駅になっている新竹（シンチュー）、二水（アーシュイ）、嘉義、瑞芳も比較的利用する機会がありそうだ。

ひとつ気をつけたいのが、在来線と新幹線（高鐵）との乗継ぎ。台北や南港では、同じ構内に切符売場と改札口がそれぞれ設けられているので案内表示をよく確認したい。このほか、同じ駅名で場所がまったく異なるケースもある。具体的には桃園、新竹、台中、嘉義、台南（タイナン）、左営の各駅。また、左営（高鐵）と新左営（在来線）をはじめ、新在が接続する各駅は共通の構内となっているものの、駅名はなぜか異なっている。さらにややこしいのは、新左営（在来線）の高雄側一駅隣にも在来線の左営駅があるのだ。

同名駅がまぎらわしい駅

高鐵の駅名	在来線の接続駅名	台鐵同名駅からのアクセス
桃園	なし	桃園捷運が台鐵桃園駅に連絡
新竹	六家	台鐵新竹から内湾線の竹中駅で六家線に乗り換え
苗栗	豊富	台鐵苗栗駅は高雄側に一駅隣
台中	新烏日	台鐵の台中駅と新烏駅は西部幹線で３駅目
彰化	なし	台鐵田中駅などとの間に路線バス。台鐵彰化駅は田中駅から台北側に６駅目
嘉義	なし	台鐵嘉義駅などとの間に路線バス
台南	沙崙	台鐵台南から中洲駅で沙崙線に乗り換え
左営	新左営	台鐵の高雄側の隣駅が同名の左営駅

運行ダイヤを調べる〜ネットで切符を購入

高鐵と台鐵の運行ダイヤは、それぞれの公式ウェブサイトまたはアプリを利用するのが便利で確実。その場での予約・購入も可能だ。出発駅と到着駅、日付、時間帯などを画面にしたがって入力すると、候補の列車が列挙される仕組み。日本の市販「時刻表」に慣れた人にはやや不便かもしれないが、幹線内の緩急乗継ぎや支線と幹線との乗継ぎも検索できるなど使い勝手には優れている。また、高鐵では早割（最大35%オフなど）が選択できるのもありがたい。高鐵は全列車一覧の時刻表がPDFファイルでダウンロードもできる。

乗車券のネット予約にさいしてはパスポートIDなどの入力が必要。支払いはクレジットカードだが高鐵は期間内であれば駅などでの支払いにも対応している。ともに発行される予約番号とパスポートを提示のうえ、駅やコンビニエンスストアなどで乗車券を受け取る。

3都市圏で展開中の都市電鉄「捷運」

27ページで触れたとおり、台北市とその近郊など全国3都市エリアで都市電鉄に相当する捷運が運行されている。各都市エリア内での移動はもちろん、桃園捷運は桃園国際空港と台北駅および桃園駅とを結ぶ空港アクセス線としても重要な路線（急行運転を実施）。高雄捷運も高雄国際空港と高雄市街とのアクセスの役割も果たしている。

利用は日本の都市路線と大差はないが、通常の片道乗車券にトークンが採用されているほか、新北捷運のみ感熱紙（QRコード入りレシート）が用いられている。また、台北捷運ではワンデイパスをはじめフリー切符も発売されている。

路線は地下鉄と一般の高架鉄道のほかゴムタイヤ式新交通システムやLRTなど変化に富む。台北捷運の猫空ロープウェイは床に透明の強化ガラスを用いたクリスタルキャビンも運行中で、絶景路線としても人気だ。

なお、各捷運とも駅構内や車内での飲食（水や飴などを含む）が禁止されており、違反者には罰金が課せられることを知っておこう。

捷運には地下鉄区間と高架区間が混在。利用方法は日本の都市電鉄とほぼ同じだ。

上／台鐵、高鐵、台北捷運の接続駅である台北駅。　左／高雄捷運にはLRTも活躍。

日本からのアクセス

日本直行便のある台湾の空港は、台北ベースだと台湾桃園国際空港と台北松山国際空港がある。松山空港は台北駅にも近く利便性が高い。地方では高雄国際空港から成田空港や関西空港を結ぶ定期便がある。

台湾桃園国際空港は台湾最大の空の玄関口。各種施設も整っている。

予算はどれぐらい?

台湾では、日本と比較して鉄道運賃は割安。大雑把にいえば、宿泊費と航空代などにより予算が変わってくることになるだろう。

主役の鉄道が割安な反面、宿泊費は高騰傾向にあり、とりわけ台北や著名観光地では東京をしのぐほどのレベルにある。たとえば、台北駅周辺だと相場は1万円台前半から2万円台。かつては台北駅周辺にも1泊3～4000円の安価かつ快適な宿が容易に見つかったことを考えると隔世の感がある。私自身のボヤキになるが、到着日は台北駅近辺にしようとネットの予約サイトをチェックしたところあまりの高値に驚き、到着した桃園国際空港から路線バスで地方に出てそこで宿を取ったことがある。このように郊外や地方を探すのも節約につながる場合があるので予約サイトなどをチェックしてみよう。もちろん、高級指向でホテルを選ぶのも自由だ。おおまかにみて、ビジネスホテルレベルのホテルだと都市部で1泊5～7000円程度、地方で4～6000円程度といったあたりを基準に予算を組んでみてはいかがだろうか。

現地編

入国から主要駅まで

台湾への出発を前に済ませておくと便利なのがオンライン申請だ。通常の入国のさいには入国カードに必要事項を記入して入国時にイミグレーションに提出するが、事前にオンライン申請することによりカードの提出が不要となるので、ぜひ利用してみよう。専用のウェブサイト（https://niaspeedy.immigration.gov.tw/webacard/）の指示に従い姓名やパスポートIDなどを記入。イミグレーションではパスポートを提示するだけで審査を受けることができる。

桃園捷運に開業により台北の空港アクセスは格段に向上した。

無事に入国し、両替などを済ませたらさっそく街や鉄道駅を目指そう。台湾の主要国際空港（桃園、松山、高雄）はいずれも鉄道が乗り入れているほか、最寄りの市街地や地方などへのバス路線の利用もできる。

ここでは主要3空港の鉄道アクセスを表にまとめてみた。

空港	空港駅名	最寄り主要駅（所要時間）	路線	備考
桃園	機場第一航廈／場第二航廈	台北（36／39分）、桃園（16／12分）	桃園機場捷運	台北との所要時間は直達車(急行)。第一、第二の順
松山	松山機場	台北（18分）	台北捷運文湖線	
高雄	高雄国際機場	高雄（18分）	高雄捷運紅線	

ICカード式乗車券をゲット！して、台湾の鉄道旅へ！

台湾の鉄道旅で持っておきたいのがICカード式乗車券。いくつかの種類がある（32ページ）なか、私は「悠遊卡」を愛用している。最初の購入時は、カード代金100圓に希望のチャージ料金をプラスする仕組み。駅の自販機やコンビニなどで購入できるので、さっそく入手しよう！

そしてICカード式乗車券を入手したらいよいよ鉄道旅へ。空港アクセスを含む捷運は日本のカード式乗車券と同様に乗車できる。その都度乗車券を購入する場合は駅窓口か自販機を利用するのも日本と同じだ。

台鐵や高鐵の駅に着いたら、まず駅掲出の発車案内や時刻表をチェック。ネット予約済みの乗車券がある場合は、駅などの指定窓口で予約番号を告げパスポートを提示して乗車券と交換してもらう。事前予約していない場合は窓口や自販機で希望する列車の乗車券を購入するか、ICカード式乗車券であれば座席指定のない「区間車」や「自強号」に「自願無座」扱いでそのまま乗車すればいい。最初は乗車列車や下車のさいなどに不安を覚えるかもしれないが、台湾の場合は漢字表記に加え日本語案内がある場合もあるので、諸外国のなかで利用しやすいといえるだろう。

車内の過ごし方～捷運では飲食厳禁！

別項でも触れたが、捷運では駅構内や車内は飲食（もちろん喫煙も）厳禁なので要注意。一方、駅弁も台湾の鉄道旅の楽しみのひとつで、台湾色あふれる駅弁が台鐵や高鐵の主要駅などで販売されている。捷運を除く各鉄道は車内飲食ができるので、列車に乗る前に駅弁をチェックしてみてはいかがだろうか。ただし、「区間車」「区間快」はロングシートが主体。一部にクロス式の座席はあるものの、駅弁旅にはやや辛いところかも……。

台北近郊の秘境路線で過ごした日

平溪線（ピンシー）

きっかけは1枚の写真

「これは面白そうだ」

パソコンの画面を眺めていると、無性に乗車欲がそそられてきた。

台湾北部を走る平溪線である。

実は私がこの路線に注目するきっかけをつくったのは、日本でよく知られている某ガイドブックに掲載された1枚の写真であった。漢字の看板がところせましと連なる細い路地に列車がぬっと顔を出す――。一般の旅行ガイドブックに取りあげられるほどの著名鉄道路線だったワケだが、台湾一周ルートとその南東部で展開する大平洋の絶景などに目を奪われ、台北(タイペイ)にほど近いこのローカル線をウッカリ見落としていたらしい。

調べてみると三貂嶺(サンディアオリン)と菁桐(チントン)とを結ぶ全長はわずか12・9㎞の路線で、途中5駅に停まり、全線およそ40分ほどの行程だ。列車はほぼ1時間に1本というダイヤである。

「せっかくだから全駅に降りてみるか……」

時刻表を眺めてみると、そんな発想が浮かんでくる平溪線なのであった。

さっそくそのセンで準備を整え、空路、台北にへと繰り出した。

起点駅は〝秘境駅〟？

「わざわざ函館本線や飯田線まで行かなくたって、都会のこんな近所に〝秘境駅〟があるじゃないか」

●九份(ジーフェン)
宜蘭線の瑞芳駅は平溪線列車の事実上の起終点駅。この瑞芳からは台湾屈指の著名観光地・九份および金瓜石への路線バスが発着している。九份は映画「非情城市」の舞台となったのをきっかけに観光地と化した街で、近年はアニメ「千と千尋の神隠し」の世界と平溪線の起点駅である三貂嶺の古びた木造駅舎を出た途端、そんな感想が頭を過った。台北駅を発車したのが7時35分。そのわずか1時間12分後に降り立った三貂嶺駅の周辺にはたった一つの家屋もないばかりか、駅に通じているのは幅1mほどの小径だけだったのである。基隆河（ジーロンホー）の渓谷に沿った崖っぷちに設えられた小駅。対面式ホームの一部を覆うロックシェード。函館本線や飯田線と違い国際線旅客機に乗って時間もカネもかけた末の邂逅ではあったが、都心の中央駅からたったこれだけの時間で秘境的鉄道風景のなかを歩けるというのは新鮮な驚きではあった。そして、ここが平溪線の起点駅なのである。

三貂嶺からはひと駅戻って猴硐（ホウトン）に立ち寄ってみることにした。平溪線の全列車は宜蘭（イーラン）線との直通のため、運転区間にはこの駅が含まれる。そして、この駅で降りると大勢のネコが出迎えてくれるのであった。

猴硐はかつて鉱山として賑わった歴史を持つ。すでに鉱山は廃坑されて久しいが、時代が変わり、山の斜面につくられた炭鉱住宅街に暮らすネコが観光名

重ね合わせるファンも多い。

近代に金の採掘で栄え、太平洋に面した山地の中腹に家屋が密集している風景は、とりわけ夜景スポットとしても人気がある。赤いランタンが連なる夜景。飲食店などがひしめく石段と細い路地歩きは、体験の価値大だ。

物となったのである。駅構内と集落とを結ぶ跨線橋はネコをイメージしたデザインが施され、跨線橋内にネコの寝床やエサ置き場が点在するまさに〝猫様仕様〟――いわく「人猫共用高架橋」である。住宅街の石段を登ると、心地よさそうに寝入っているネコたちがいる。ネコ中毒患者の私は、そんな姿を見るだけでシアワセを実感してしまうのだが、世の中には同類の人々も多いらしい。そこここで足を止めては、ネコの姿を慈しむ姿を眺めつつ、こちらも心が和む。

ハイライトシーンの撮影を楽しむ

猴硐の次は十分（シーフェン）で途中下車。超満員の列車に耐えることおよそ20分、写真でみたあの商店街を通り抜けて十分駅に着いた。やはりここがハイライトなのだろう。混雑していた乗客の多くがこの駅で降りる。

全線が単線の平溪線内ではこの駅で上下列車の行違いダイヤが組まれてい

●猴硐駅と猴硐猫村
もとはネズミの食害対策で飼われていたとも言われるが、一説には100匹を超えるネコ集落となっている。猫村の反対側には旧炭鉱施設などが残る産業遺産の地になっている。

る。ちょうど上り列車がホームの反対側に到着。それを確かめた私は、さっそくホーム三貂嶺側の端まで移動し、十分老街の間に延びる線路にカメラのピントを合わせる。ほどなく上り列車が発車し、落ち着いた足取りで老街に分け入ってゆく。列車が走り去ると道ゆく人々が巨大な紙箱のようなモノを抱え線路に立ち入り、その箱を天に向けて放りはじめた。天燈上げである。近寄ってみると、それぞれに願いごとかなにか文字が書き込まれてある。天燈のなかに火が灯され、やがて天に立ち上ってゆく。観光イベントなのかもしれないが、それだけでないなにかを感じるのは

平溪線の中心駅は十分。列車走行のハイライトとなる十分老街には飲食店や土産店も多く散策におすすめできる。

私だけだろうか。

その様子をカメラに収めたあと、十分瀑布に立ち寄ってみることにした。十分瀑布は基隆河にそびえるカーテン型の滝で、落差およそ20m、幅およそ40mの規模を持つ。地図を見ると十分駅から瀑布まではおよそ1・5km程度。木道や吊り橋などが整備された遊歩道を往復し、その名所を見物。駅に戻った私は、やってきた上り列車でひと駅戻った大華(ダーファ)駅で降りた。

この駅もまた秘境ムードに満ちた静寂なたたずまいであった。曲線の片面ホームの対面にある古びた建物に人の気配はないが、かつては駅舎だったように思える。周辺を歩くと歳月を重ねた集合住宅があるが、こちらも人の気配は感じられなかった。ホームのベンチに座り、十分で買った三明治（サンドイッチ）をひとり頬張る。

●深澳線

平溪線列車の一部は瑞芳で接続する深澳線との直通運転ダイヤが組まれている。深澳線はわずか4・2kmの非電化ローカル線だが、終点の八斗子駅は大平洋の海岸線を目前にしており絶景ポイントとして注目されている。

ローカル線散歩の長く短い1日

大華の次は嶺腳（リンジャオ）で途中下車。鬱蒼（うっそう）とした森を片面ホームの背後にしたがえ、幾本かの檳榔樹（びんろうじゅ）が天に向かって伸びている。こちらは駅前に集落がある。中国ふうというのだろうか。細い路地の両側にコンクリート造の2階建て家屋が建ち並ぶ。しかし街は静寂に包まれていた。

嶺腳からひと駅戻った望古（ワングー）駅とその周辺も音のない空間にあった。駅前にふたつの建物があるが、線路に沿ったほうは廃虚らしい。私と同じ列車から降りたおばあさんはどこへ行ったのだろうか。線路に沿った小径を嶺腳に向かって歩くと、コンクリートでできた橋と思われる残骸がレールをまたぎ、歩いている小径の真上で途切れていた。

「こんな寂しげな駅はほかにあったろうか……」

30分ほどの滞在を終えた私は、やってきた下り列車に乗って平溪を目指す。

右／十分瀑布へはアプローチの小径散歩もさわやか。左／築100周年が迫る菁桐駅舎。

平溪駅周辺には平溪老街が開け、基隆河の対岸にも小さな街がある、コンクリート造り2階建ての駅舎前にはいくつかのグループの観光客が手持ち無沙汰のようにたたずんでいる。老街はさすがに賑わっていた。建ち並ぶ店先をひやかし、あてどもなく小さな街の散策を終え、最後の駅である菁桐に着いたのは17時4分。沿線は夕暮れに包まれつつあった。

これまでの道行きとまったく異なる広い構内に3本の側線が延び、奥まった1本は構内にそびえるホッパー跡に分け入ってゆく。ホッパーは平溪線が炭鉱路線だったその名残りだ。ホームの片側を守る木造駅舎は1929年の開業当時の建築だという。そんな鉄道遺産に集う人々。

小1時間の持ち時間を駅や菁桐老街散策で費やし、18時3分発の上り列車で帰途に着いた。

●ホッパー
採掘された石炭や鉱石などの保管設備の一種。鉄道施設内では貨車への積み込みを考慮し施設下部に引込み線が敷設されている。

第2章

急速に変化し続ける鉄道網のいまを体験！

韓

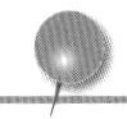

韓国を知ろう

**急速に変化し続ける最も近い外国
隣国で体験する日本と異なる
スタイルを持つ鉄道の旅。**

韓国と聞けば、韓流ドラマや映画、K－POPを連想する人も多いかもしれない。同国発のエンタテイメントは、日本や台湾などアジア諸国はもちろん、広く欧米にもファン層をつかみ、いまやサブカルチャーの発信地としても世界的に認知されるようになった。一方で、日本食やアニメなどを通じて日本文化に親しむ韓国人も増えるなど、さまざまな面でお互いに影響しあっているのが日本と韓国といえるだろう。

東京からソウルまで空路でおよそ2時間。福岡～釜山(プサン)間なら空路で1時間を切る最も近い外国。普段の週末を使って気軽に訪れる人も普通に見られるほど気軽な訪問先だ。面積は日本のおよそ4分の1。際立つ高山や高山帯はないものの、東海岸沿いには南北に延びる太白(テベク)山脈が峰々を列ねるほか、南部の多島海など変化に富む地形が形成されている。西部は比較的穏やかな地勢で、中部から南部にかけては屈指の穀倉地帯だ。

気候は温帯に属する。夏期には蒸し暑い日が多い一方、冬期は乾燥した寒冷傾向となるなど、寒暖の差が大きい。冬期はソウルでも氷点下10度を下回ることもしばしば。私自身は氷点下21度を体験している。しかし、韓国では伝統的床暖房であるオンドルが普及しているほか、空調も整っているため室内ではおおむね快適に過ごせる。

鉄道は、日本のＪＲに相当する韓国鉄道公社（ＫＯＲＡＩＬ）が３５００㎞弱の鉄道網を運営するほか、ソウル地下鉄をはじめ都市電鉄が主要都市に鉄道網を展開。近年は高速化を含む線路の改良を急ピッチで進めているほか、都市電鉄網の拡充や新型車両の投入も著しく、ここ10年程度の間に大きな変貌を遂げたのも韓国の鉄道の素顔といえるだろう。

ソウル中心街にはハングル文字創造で知られる世宗大王像が。奥に見える建物は朝鮮王朝時代の王宮・景福宮の光化門。

正式国名	大韓民国
政治体制	民主共和制
首都	ソウル
面積	約 10 万 200㎢（日本の約４分の１）
公用語	韓国語
日本との時差	なし（標準時＋９時間）
通貨	ウォン（1ウォン＝約 0.1 円）。
衛生	水道水を含む生水の飲用は避けるほうが無難。
気候	春～秋は概ね温暖で、６～８月は降水量が多い傾向。冬期はソウルで氷点下 20 度を下回るような厳しい寒波に見舞われることも。
主要玄関	仁川国際空港（ソウル）、金浦国際空港（ソウル）、金海国際空港（釜山）、釜山港国際旅客ターミナル（釜山）ほか
入国書類	日本国籍の場合、観光や商用目的については 90 日までビザ不要。ただし、パスポートの有効期間が３カ月以上あることと出国交通機関の予約済みチケットを所持すること。また、ビザなし入国の場合、入国のための航空･船舶搭乗 72 時間前までに「電子旅行許可制（K-ETA）」への登録と許可が必要（K-ETA は日本国籍について 2024 年末まで一時免除中）。
電源	220V/60Hz。プラグは C または SC タイプが主流（一部に A タイプ／ 110V）。
飲食や買い物事情、トイレなど	街中には食堂や商店（コンビニエンスストアを含む）が多く概ね心配はない。主要駅には売店や飲食店が併設されている。トイレは座式がメイン。一部を除きトイレットペーパーは詰まりを避けるため個室内に設置されている容器に。
鉄道以外の交通機関	都市間バスを含む路線バス網が充実。
治安状況	おおむね良好。道路歩行時には日本と異なる交通事情もあり要注意。

韓国の鉄道路線MAP

北朝鮮
日本海
白馬高地
東草
※ソウル郊外線
漣川
京元線
ソウル
東豆川
都羅山
春川
京義線
京春線
清涼里
江陵
金浦国際空港
正東津
仁川国際空港T2
龍門
西原州
江陵線
※三陟線
東海
仁川国際空港
仁川
光明
龍山
水西
アウラジ
三陟
原州
旌善線
太白
板橋
ミンドゥン山
水原
中部内陸線
堤川
チューチューパーク
太白線
平沢
忠州
両元
天安牙山
嶺東線
温陽温泉
天安
忠北線
聞慶
栄州
慶北線
鳥致院
五松
店村
安東
長項線
京釜高速線
安東河回村
盈徳
大田
※東海線
大川
公州
京釜線
中央線
西大田
論山
金泉
金泉(亀尾)
永川
浦項
長項
群山
益山
黄海
全州
東大邱
慶州
湖南高速線
井邑
全羅線
韓国
蔚山
密陽
太和江
南原
馬山
湖南線
慶全線
東海南部線
光州
光州松汀
釜田
順天
晋州
鎮海
釜山
木浦
麗水エキスポ
朝鮮海峡
日本

※ソウル郊外線は2024年中に旅客列車が運行復活予定。
※三陟線と東海線の浦項〜盈徳間は2024年12月まで運休中。
その後は盈徳〜三陟間を延伸のうえ、東海線として直通開業する予定。

韓国の鉄道路線一覧

KORAIL				
路線名	区間	距離	運行列車	備考
京釜線	ソウル〜釜山	441.7km	KTX、KTX 山川、SRT、セマウル、ITX セマウル、ITX マウム、ムグンファ、ヌリロ（東大邱〜釜山）、通勤型電車（ソウル〜天安）	
湖南線	大田操車場〜木浦	252.5km	KTX、KTX 山川、SRT、ITX セマウル、ITX マウム、ムグンファ、S-train	
全羅線	益山〜麗水 EXPO	180.4km	KTX、KTX 山川、SRT、ITX セマウル、ITX マウム、ムグンファ、S-train	
長項線	天安〜益山	152.8km	セマウル、ムグンファ、G-train	
中央線	清凉里〜牟梁	331.3km	KTX イウム、ITX セマウル、ITX マウム（左 3 列車は清凉里〜安東）、ムグンファ、A-train（清凉里〜堤川）、通勤型電車（清凉里〜砥平）	
太白線	堤川〜栢山	104.1km	ITX マウム、ムグンファ、A-train	
咸白線	禮美〜鳥洞信号場	9.6km	定期旅客列車運行なし	
旌善線	ミンドゥンサン〜アウラジ	38.7km	A-train	
嶺東線	栄州〜青良信号場	188.9km	KTX イウム（東海以北）、ITX マウム（東栢山〜東海）、ムグンファ、ヌリロ（東海〜江陵）、東海サンタ列車（汾川〜江陵）、V-train（栄州〜鐵岩）	
忠北線	鳥致院〜鳳陽	113.6km	ムグンファ	
慶北線	金泉〜栄州	115.0km	ムグンファ	
東海線	釜山鎮〜盈徳	188.3km	KTX、KTX 山川、SRT、ヌリロ（左 4 列車は東大邱方面〜浦項）、ITX セマウル（東大邱方面〜釜田）、ムグンファ、通勤型電車（釜田〜太和川）	浦項〜盈徳間は電化工事のため運休中。

※一部貨物専用線は省略しました。

大邱線	佳川～永川	26.1km	ITX セマウル、ムグンファ、ヌリロ	
慶全線	三浪津～ 光州松汀	278.7km	KTX、KTX 山川、SRT、ITX セマウル（左４列車は晋州以東）、ムグンファ、S-train	
光州線	東松汀信号場～ 光州	11.9km	ITX セマウル、ムグンファ	
京春線	忘憂～春川	80.7km	ITX 青春、通勤型電車	
京義線	ソウル～都羅山	56.0km	通勤型電車	臨津江～都羅山間は運休中。名目上の路線は北朝鮮の新義州が終点。
京元線	龍山～白馬高地	94.3km	通勤型電車	漣川～白馬高地間は運休中。月井里まで復元計画
伽揶線	沙上～凡一	8.3km	ムグンファ	
釜田線	伽揶～釜田	2.2km	ムグンファ	
鎮海線	昌原～統海	21.2km	定期旅客列車運行休止中	
大田線	大田～西大田	5.7km	定期旅客列車運行休止中	
ソウル 郊外線	陵谷～議政府	31.8km	定期旅客列車運行休止中。ただし、2024 年中に営業復活予定。	

KORAIL 高速線				
路線名	区間	距離	運行列車	備考
京釜高速線	衿川～釜山	346.4km	KTX、KTX 山川、SRT	
湖南高速線	五松～任城里	247.1km	KTX、KTX 山川、SRT	
江陵線	西原州～江陵	120.7km	KTX イウム	
中部内陸線	板橋～忠州	94.3km	KTX イウム	実距離は 101.1km。聞慶まで延伸予定

発展著しい韓国の鉄道網

前項で触れたとおり、韓国の鉄道は韓国鉄道公社（KORAIL）が3500km弱の鉄道網を運営するほか、ソウルや釜山（プサン）、大邱（テグ）などの大都市に都市電鉄がおよそ1500km（KORAILとの重複区間あり）の鉄道網を築いている。

2004年に運行を開始した韓国高速鉄道KTX（最高速度305km/h）の拡充も進み、ソウルを拠点に釜山や木浦（モッポ）、江陵（カンヌン）などの主要都市に高速鉄道網を広げてきた。開業当初は高速専用線がごく一部に限られていたが、順次新線の建設や在来線の高速化対応が進むなど拡充が著しい。16年にはKORAILの子会社SRがソウル南部の水西（スソ）と京釜（キョンブ）線の平沢（ピョンテク）付近とを結ぶ水西平沢高速線を開業。同社が運行する高速列車SRTはKORAIL各線に乗り入れ、KTXとともに高速鉄道網の一翼をなしている。

韓国の鉄道においては急ピッチな変貌も注目される。近年だけをみても17年12月に首都圏と東海岸沿いの江陵とを結ぶ京江（キョンガン）線（現在は江陵線と呼称）が開業したほか、21年には在来線の中央（チュンアン）線（清凉里（チョンニャンニ）～牟梁（モリャン）間）の安東（アンドン）以北がルート変更を含む大幅な改変を伴う高速化を実施。著名観光地・慶州（キョンジュ）の玄関であった慶州駅が移転するなど抜本的ともいえる大改造が進行中だ。

近年は韓国でも鉄道趣味を楽しむ人も増え、SNSでは“乗りテツ”や“撮りテツ”の投稿も盛ん。かつては軍事上の事情などから鉄道撮影は御法度とされた時代もあったが、これもまた変貌の一端といえるだろう。

大屋根に覆われた首都ターミナル・ソウル駅。地下部分にはソウル地下鉄と仁川空港鉄道が乗り入れている。

韓国の鉄道路線

51ページの路線地図では一部の空白地帯を除き網の目状に路線が展開している様子がわかるが、運転系統はソウルを中心としている傾向が強いのも韓国の特徴だ。韓国の二大都市であるソウル～釜山間を結ぶ京釜線をはじめ、同線と接続する湖南（ホナム）線や長項（チャンハン）線、全羅（チョルラ）線、中央線などの主要幹線はいずれもソウル（ソウル・龍山（ヨンサン）・水西の各駅）を拠点にしており、2024年2月現在でソウル直通の定期旅客列車が設定されていない旅客営業線は慶北（キョンブク）線と一部の連絡線のみとなっている（京義（キョンウィ）線の臨津江（イムジンガン）～都羅山（トラサン）間と京元（キョンウォン）線の漣川（ヨンチョン）～白馬高地（ペンマコジ）および東海（トンヘ）線の浦項（ポハン）～盈徳（ヨンドク）間は運休中。中部内陸（チュンブネリョク）線のソウル側起点・板橋（パンギョ）駅は城南（ソンナム）市）。

日本と似て非なる運行形態

日本の鉄道との違いを挙げると、韓国では大半の線区において普通列車が設定されていない。また、日本のような特急券、急行券といった概念はなく、運賃は台湾と同様に乗車列車ごとの打切り計算。大半の種別が「一般室（イルバンシル）」のモノクラスだが、KTX系統にはグリーン車に相当する「特室（トゥクシル）（「KTXイウム」は「優等室（ウドンシル）」）」が連結されている。

高速列車はKTX（使用形式ごとに初代「KTX」と2代目「KTX山川」、3代目「KTXイウム」3種類がある）とSRTが運行中。在来線特急に相当するのが「セマウル」と「ITXセマウル」「ITXマウム」「ITX青春（チョンチュン）」で、急行に相当するタイプとして「ムグンファ」と「ヌリロ」が運行されている。このほか、愛称つきの観光列車が運行中で、運休日はあるものの一部列車を除き一般の定期列車と同様に利用できる。

ソウル首都圏など大都市圏には日本の旧国電や地下鉄に相当する都市電鉄網が形成され、そのエリアが拡大の一途にある。こちらは運賃の仕組みも日本とほぼ同じで、改札を出なければ列車や他路線との乗継ぎ時にも運賃が通算される仕組みだ。「Tマネー」（65ページ）などICカード式乗車券類も普及している。ただし、KORAILの中長距離列車との乗継ぎに際しての運賃が通算されない点は日本と異なる。

いまひとつ日本との違いを見ると、韓国では在来線・高速鉄道ともに標準軌1435mmが採用されているほか電力や信号方式も共通のため、ソウル駅や釜山駅などの各ターミナルなどでは一部を除き新在共用となっていることが挙げられる。

6都市で展開中の都市電鉄網

前項で触れた都市電鉄は、ソウル首都圏と釜山、大邱、大田、光州の各都市に総計1500kmを越える路線網を展開している。

このうち、ソウル首都圏電鉄はソウル交通公社（旧ソウルメトロ）やKORAILなど11社にまたがり、1302.2kmにのぼる広大な路線網を形成。仁川国際空港とソウル駅とを結ぶ仁川国際空港鉄道もその一員だ。

複数の路線・線区をまたぐ運行系統も多く、たとえば地下鉄1号線はソウル駅と清凉里とを結ぶ7.8kmの地下路線だが、ソウル側は京釜線と直通し、長項線の新昌まで直通するほか九老で京仁線に乗り入れ仁川までを結んでいる。清凉里側では京元線に乗り入れ漣川まで直通運転を実施。じつに211.4kmもの運行エリアをなす長大路線なのである。

ところで、韓国では自動車は右側通行だが、鉄道路線の大半は左側通行になっている。これは日本統治期に開業の端を発している名残りだが、都市電鉄は原則右側通行を採用しており、その混在が珍しい鉄道シーンを生み出している個所がある。ソウル地下鉄４号線は右側通行だが、同線の列車は左側通行のKORAIL安山線と果川線に直通運転を実施。そのため、途中の南泰嶺～ソンバウイ間で左右が入れ代わる場面を体験できるわけだ。じつは、私はそうと知らずにこの路線に乗っていて、ふと気づいたときにキツネにつままれたような気分になったものだ。

都市電鉄路線一覧

路線名	区間	距離
首都圏電鉄 *	23 系統	1267.5km
釜山交通公社	4 路線	114.5km
大邱都市鉄道公社	3 路線	83.7km
光州広域市都市鉄道公社	1 路線	20.6km
大田広域市都市鉄道公社	1 路線	20.4km

* 首都圏電鉄＝ソウル交通公社、仁川交通公社ほか計 11 社。西海線を含む。

韓国のおすすめ路線
韓国一の山岳秘境路線に乗ってみよう

嶺東(ヨンドン)線は、韓国中部の栄州(ヨンジュ)を起点に太白山脈を縫うように北上、日本海沿いの江陵を目指す路線だ。核心部となる汾川(ブンチョン)～石浦(ソッポ)間では人家に乏しいエリアとなり、洛東江(ナクトンガン)上流の渓谷沿いに秘境めいたロケーションが展開する。途中の両元(ヤンウォン)駅は鉄道がほとんど唯一の交通手段であるために設置されているという〝秘境駅〟的存在。かつては朝夕2往復しか停車列車がなかったが、近年は観光列車「東海サンタ列車」や「白頭山峡谷列車（V-train）」が停車する観光ポイントともなっている。

さらに北上すると、東栢山(トンベクサン)～道渓(トゲ)間で長大ループトンネル（ソラントンネル）に突入。かつては三段式スイッチバックで知られた鉄道名所で、現在は鉄道テーマパーク「チューチューパーク」が営業し、道渓から路線バスでアクセス可能。旧線を使った観光列車などのアトラクションがある。

嶺東線は東海(トンヘ)駅の先で日本海（韓国では東海）に到達。日本海を臨む正東津(チョンドンジン)駅は「世界一海岸に近い駅」としてギネスブックに登録され、観光地のひとつとして内外から訪れる観光客が多い。東海と正東津にはKTXイウムが停車し、江陵線経由でソウルとを結んでいる。

おもな駅と韓国の駅スタイル

駅のスタイルも都市電鉄を除くと日本との違いがみられる。最も大きな違いは改札口が設けられていないことだ。一部の駅（おもに地方）では停車列車のない時間帯にホーム側の扉を締め、簡単な列車別改札を実施するケースもあるが、ソウルなどのターミナル駅をはじめ多くの駅で構内への立入りがほぼ自由にできるのである。

切符売場は一部を除き窓口が設けられているので、マンツーマンで乗車券の購入などができる。自動券売機も普及しており、ハングルのほか英語に対応。クレジットカード対応機もあるが、一部に韓国内発行のカード専用があるので利用前に確認を。

主要駅を中心に駅舎内に売店などが設けられており、日本のキヨスクなどと同様の品揃え。駅よっては土産店や飲食店が併設されているのも日本と同じだ。一方、日本で普及している駅ビルや構内と直結した大型ショッピングセンターなどを持つ駅は意外と少ない。そんななかソウルや龍山、清凉里などはロッテデパートなどが併設されているので、到着後などに店内散策を楽しむのもおすすめ。

ソウル駅を含み、改札口が設けられていない駅が多い（空港鉄道を含む都市電鉄には改札口がある）。

KTXイウム専用ホームはホームドアを採用（忠州駅）。

車両のバラエティを見てみよう

大半が電車となった日本とは異なり、機関車牽引列車が多いのも韓国の特徴。日常と異なる鉄道旅を楽しみたい。

2004年にデビューした初代KTXも現役で活躍中。

KTX山川。写真の塗色のほかに、青ベースの塗色編成がある。初代以降、居住性が改善された。

主力の座にあった「ムグンファ号」。時代が代わり、徐
に運行が縮小されつつある。

電車編成が採用されたITXセマウル。ITXにはITX青春とITXマウム（心）も登場している。

日本製車両の「ヌリロ」。現在はソウル首都圏での運用を解かれ、東海〜江陵間などで運行中だ。

各地で活躍する観光列車のバラエティ

観光列車にも注目してみたい。現在運行されているのは5列車（表参照）で、ほかに宿泊などとのセットツアーで運行されているクルーズ列車「ヘラン」が活躍中。「ヘラン」を除き通常の乗車券（全車指定席）を購入することで乗車できるので、移動の手段として利用しやすいのも特徴だ。

各列車ともデザインや設備にも力を入れており、なかでも目を引くのは「西海クムビッ列車」に備わるオンドル部屋（個室）や足湯だろう。また、「白頭大幹峡谷列車」は車体側面がガラス張りと格子ふうに設えられた展望車両で、室内にストーブが備わるなどユニークなデザイン。行程中には韓国随一の“秘境駅”として知られる両元駅で下車散策タイムが設けられており、鉄道のエンタテイメント性を感じさせる列車になっている。

クルーズ列車「ヘラン」はJR九州の「ななつ星 in 九州」の先輩格とも呼べそうな列車で2008年にデビュー。寝台個室を中心に食堂車「サンライズ」（厨房はなく弁当などを提供）や展望車「フォーシーズン」などを連結した豪華編成だ。コースはシーズンごとに設定され、著名観光地などに立ち寄りながらの2泊3日ツアーなどが組まれている。

秘境区間をゆく白頭大幹峡谷列車「Vtrain」。機関車は白虎をイメージしている。

準定期運行中の観光列車

列車名	区間	運転日	おもな設備
旌善アリラン列車（A-train）	清凉里～アウラジ	木～日曜日	展望座席、カフェラウンジ
東海サンタ列車	江陵～汾川	木～月曜日	セミコンパートメント、展望座席
白頭大幹峡谷列車（V-train）	栄州～鐵岩	木～月曜日	展望座席、ストーブ
西海クムビッ列車（G-train）	龍山～益山	木～月曜日	オンドル室、足湯つきサロンカー
南道海洋列車（S-train）	ソウル～麗水EXPO／釜山～光州松汀	ソウル発着：木～月曜日／釜山発着：土・日曜日	茶室ふうラウンジ、セミコンパートメント

列車ダイヤを調べよう

KORAILの列車ダイヤは、公式サイト上で列車種別（KTX、ムグンファなどの一般列車、都市電鉄ほか）に各路線のダイヤをカバーしたエクセルファイルがダウンロードできる。韓国語だが、KTXと一般列車のファイルは駅名の漢字もあるのでハングルが読めなくても解読はできるだろう。ただし、ダウンロードするまでが韓国語のため、読めない人はクロームの翻訳機能などを活用するのがおすすめ。

サイトのトップページでのダイヤ検索も便利だ。韓国語のほか日本語と英語に対応しており、区間と日付を指定して検索するだけで、乗車券の購入もできる（要クレジットカード）。購入が成立すると乗車券が画面上で発行されるので、プリントして持参すればそのまま乗車できる。購入の流れや駅名なども日本語対応なので利用しやすい。

また、KORAILのアプリ「KORAIL TALK」を使えば列車ダイヤ検索のほか乗車券購入も可能だ。日本語での利用もでき、仁川国際空港鉄道の「エアポートエクスプレス」を含むKORAILの各列車（指定席）に対応している。乗車の際はスマホで予約画面を提示すればいい。

予算はどれぐらい?

予算レベルは航空代金や宿泊施設の選び方や旅のスタイルにもよるが、鉄道やバスなど交通関係は割安に設定されているので、節約次第で比較的低予算の旅が楽しめるだろう。ただし、諸物価の高騰は日本をしのぐ面もあり、近年は庶民的な食堂でもその傾向が目立つようになった。コンビニエンスストアなどでも同様で、ここ十数年間のインフレを実感する人もいるに違いない。

フリー切符はある？

韓国では、外国人向けに「KORAIL PASS」が発売されている。都市電鉄を除くKORAIL全線に有効で、KTXとSRTをはじめムグンファ号などの一般列車や「ヘラン」を除く観光列車、仁川国際空港鉄道が乗り放題となる。座席指定はKORAIL公式サイト上または駅窓口で可能。ウェブ予約の場合は乗車券のプリントを持参するかスマホの画面を提示して乗車する仕組みだ。また、KTXの自由席は「KORAIL PASS」のプリントかスマホ画面の提示で利用できる。ただし、KORAIL線でもソウル地下鉄１号線などの都市電鉄の列車は利用できないので要注意。たとえば、ソウル～天安間の「ムグンファ号」などは利用できるが、同じルート走っている都市電鉄の列車がそれに該当する。

有効期間は連続する３日および５日用タイプと、使用開始から10日間の好みの日に利用できるタイプ（２日券・４日券）がある。購入はKORAIL公式サイトなどから。乗っている列車の目的地到着が最終日の深夜24時を過ぎている場合は、乗車列車の目的地到着まで有効だ（日本と同じルール）。

KORAIL PASS の値段（大人＝満 28 歳以上・単位：ウォン）			
３日用（連続）	16万5000	５日用	24万4000
２日用（利用日選択）	13万1000	４日用	23万4000

どこに泊まる？

韓国の宿泊施設は価格帯の安い順に旅人宿（ヨインスク）＜旅館（ヨグァン）＜荘旅館（チャンヨグァン）＜モーテル＜ホテル――という具合に異なる施設名が用いられている（ほか、廉価な宿泊施設がゲストハウスを名乗るケースも）。ホテルにピンキリがあるのは各国共通だし、旅館と荘旅館との差もあやふやなのが実態だが、慣れてくると宿名と建物の雰囲気でだいたいの予算がわかるようになるものだ。

韓国でも物価上昇が激しいが、旅館・荘旅館で３〜６万ウォン程度、モーテルで４〜８万ウォン程度が目安。モーテルは日本だと旅行者向けでないケースが多いが、韓国では一般の旅行者や出張でも利用されており、泊まるだけであれば十分な施設といえる。とはいえ、よほど旅慣れているならともかく、特に女性のひとり旅だと躊躇する人も多いかもしれない。ホテルは５万ウォン程度の割安宿から超高級ホテルまでいろいろ。ネットの予約サイトではモーテルかホテル、ゲストハウスが比較的目立つようだ。旅人宿は浴室やトイレが共同の安宿で、“木賃宿”そのものの施設も多い。なかには売春宿もあるので最終手段ぐらいに見ておくほうが無難。

私の場合は、到着初日にソウルか釜山で宿泊する場合と帰国前夜のソウル泊はネットで事前に予約している。すでに定宿があるので安心感もある。地方は基本的に行き当たりばったり。現地を歩きながらあたりをつけるスタイルだ。ただし、こちらもいくつかの町では定宿がある。いずれも駅とのアクセスのほか、費用面では５万ウォンを基準に、付近の食堂やコンビニエンスストアなどの利便性を加味して宿探しをしている。

日本とのアクセス

空港と直結している仁川国際空港駅。同駅〜ソウル間では金浦空港も経由し便利。

成田〜仁川間や羽田〜金浦間をはじめ、日韓間を結ぶ航空便はかなりの数にのぼる。日本の航空会社はほぼ日本の主要都市発着に限定されている一方、韓国の航空会社が日本各地の地方都市に就航している。別項でも触れたように、これは仁川など韓国の空港をハブとして乗継ぎ利用に着目したものだが、東京や大阪などを経由せずに直接韓国に行けるのも強みではある。空路以外では、下関〜釜山間などに定期旅客船が運行されている。

入国から主要駅まで <仁川（金浦）と釜山>

すでに記したとおり、日本国籍の観光客の場合は韓国入国に際しビザが免除されている（諸条件は50ページを参照）。

一方で、韓国政府はビザ免除国籍の渡航者に対し、電子渡航認証（K-ETA）の義務付けを2021年９月に導入した。これは、出発72時間前までにウェブサイトまたはモバイルアプリを介して申請手続きをするもので、パスポート情報のほかＥメールアドレスや顔写真（モバイルアプリの場合は不要）の登録が必要で、手数料1万ウォンをクレジットカードで決済する仕組み。一度受理されると、３年間ないしパスポートの有効期限まで有効。

ただし、23年4月1日から24年12月31日までの期間は申請が免除されている。その期間でも申請できる——登録されると入国カードの記入と提出が不要になる——が、申請手数料（1万ウォン）がかかるので念のため。

入国に際してはパスポートと入国カード（K-ETA申請済みの場合は不要）をイミグレーションに提出。通常は質問されることはなく、問題なければ無事入国となる。イミグレーションを抜け、飛行機に預け荷物がある場合は該当のレーンを探し荷物をピックアップ。続いて税関だが、申告物がない場合はそのまま通過できる。

税関を抜けるといよいよ一般エリア。両替や必要な人は韓国内で使うスマートフォンのSIMを入手。規模の大きい仁川国際空港の場合、両替ブースは各所に設けられている。両替は円からがおすすめだ。なお、韓国では日本以上にクレジットカードが普及しているが、受け付けが韓国内発行カードのみだったり、安宿など使いづらいケースもある。

空港や港を出たら最寄りの主要駅や予約した宿泊施設などを目指そう。おもな空港からのアクセスを表にしてみたので参考にしてほしい。また、仁川国際空港と首都圏郊外や地方とを結ぶ路線バスも多数運行されており、いきなり地方から旅をはじめたいときは利用価値がある。

おもな空港からのアクセス

空港	最寄り主要駅	交通	所要時間	備考
仁川	ソウル	空港鉄道	40分（急行）	エリアによってはリムジンバスも便利（明洞まで約1時間など）
金浦	ソウル	空港鉄道	25分（各停）	〃
金海	釜山	釜山-金海軽電鉄～釜山都市交通2・1号線	約40分	エリアによってはリムジンバスや市内バスも便利（リムジンバスの釜山駅方面ゆきは廃止された）

Tマネーカードをゲットしよう

地下鉄をはじめ都市電鉄線を利用する際にはICカード式乗車券が断然おすすめ！　なかでもおすすめなのが「Tマネー」（日本で流通している同名の電子マネーとは異なる）。全国の都市電鉄線や路線バス（一部対象外を除く）の乗車や、提携コンビニや飲食店などの支払いにも利用できるプリペイドカードだ。地下鉄駅やコンビニなどで購入でき、一般のカードタイプのほか、ストラップタイプ、キャラクターデザインカードなどの種類がある（3000ウォン～）。チャージは提携コンビニや駅自動チャージ機を利用。利用方法は日本とほぼ同様だが、ICカード式乗車券利用時には鉄道やバスで割引運賃（日本式の別建て運賃とは異なり純粋な割引）が適用されるほか、地下鉄と路線バス（一部適用外もあり）とを30分以内に乗り換えると運賃が通算されるなど異なる点も多い。

いよいよ韓国の列車旅へ！<駅~乗車>

そしていよいよソウル駅など旅のスタート地点駅に到着。行程が決まっていてアプリで事前に乗車券を購入してない場合は、まず乗車予定列車の乗車券（指定席）を入手！　窓口や自販機では韓国語や英語のやりとり（一部に日本語が堪能な駅員も）。海外鉄道旅のはじまりを実感する瞬間だ。

改札がないなど、駅の構造については58ページに記したとおり。目的の列車を発車案内標などで確認。売店で軽食類などを入手したり、駅構内で列車撮影などを楽しんだりしながら列車に乗り込もう。

車内での過ごし方

韓国の鉄道は都市電鉄とKTXの一部列車および東海〜江陵間の「ヌリロ」を除き全車指定席だが、満席時には「立席乗車券（イプソク）」を発売されることがあるので、満席時にも諦めずに駅窓口で確認を。車内の構造は日本の特急などとほぼ同じだが、在来列車の「ムグンファ」などは標準軌サイズの車体に２×２列の座席配置になっているため、日本の在来線特急よりも広々とした印象を受けるかもしれない。一方、KTXは標準軌列車でありながら車体がコンパクト化（フランスのTGVなどにも見られる）されており、手狭に感じる人が多いようだ（私もそのひとり）。とりわけ初代KTXは顕著で、クロスシートが集団見合い式に並ぶ一般席ではシートピッチ930mm。２代目のKTX山川以降はシートッピッチが拡大されるなど、車内環境は改善している。

車内改札もＫＴＸの自由席と立席利用者、指定と異なる座席に座っているときを除き原則として省略されている。これは車掌が端末内にデータを持っているためで、日本でも一部で導入されたシステムである。

車内での飲食は問題なく、肉や野菜などを盛り沢山にした韓国風幕の内弁当などが売られている駅も。暖かいご飯が別途につき、おかずもその場で温め直してくれるため、ホカホカの弁当が味わえる。なお、車内での携帯電話の通話に対してはほぼ問題視されていないようだ。

モニタつき座席となったKTXイウムの優等室。ユーチューブなども楽しめる。

新路線を活かし韓国北東部を周遊

中央線・江陵線・嶺東線・忠北線・中部内陸線

旅の空白を取り戻す

「優等室（ウドンシル）は満席ですが……、一般室（イルバンシル）なら窓側の座席があります」

ソウル駅の切符売場で、思わずガッツポーズをしてしまった。出発前にKORAILの公式サイトを通じて何度か購入を試みていたものの、希望列車の窓側席が空いていなかったのである。しかし切符を諦めてはならないのは日本も韓国も一緒。ギリギリのタイミングでキャンセル席を確保できたのであった。

今回の鉄道旅では、ソウルを拠点に東海岸の観光地・正東津（チョンドンジン）を訪れつつ、沿線の現在の様子を取材する予定である。新型コロナ騒動前の2019年3月末に訪れて以来の韓国。このわずか5年足らずの間に新路線の開業や高速列車KTXの3代目「KTXイウム」が登場するなど、鉄道模様が刻々と変わっていた。たったいま乗車券を確保したのはその新型高速列車「KTXイウム」。21年1月から順次投入され、これから乗るソウル～江陵（カンヌン）・東海（トンヘ）間には同年8月にデビューしている。ようは、新型車両にこだわりつつ、久々となった韓国の車窓を楽しもうというわけだ。

新型KTXで東海岸へ

6時35分。ソウル駅11番線には早くも「KTXイウム841列車」が入線していた。ややグレーがかったメタリックブルーのボディに窓部分の黒帯、その上部にゴールドラインが施されたデザイン。新車との対面はやはり新鮮だ。そして乗降口の下部から飛び出ている2段式ステップ。韓国では嵩（かさ）の低いホーム

●ソウル駅
駅ビルに隣接して日本統治期の旧駅舎が保存されている。

が多いことから設けられた設備である。そのステップを踏んで車内に入ると、間接照明のなかリクライニングシートが2×2列に並び、空間に余裕が感じられた。前列席の背後にワイヤレスのモバイル充電器が備わるのはハイテク産業に力を入れている韓国らしい。

7時1分、空席が目立つまま定刻にソウル駅を出発。ほどなく龍山(ヨンサン)駅をすぎると右側の車窓に漢江(ハンガン)が望まれた。あいにく夜明けまではまだ間があったが、漢江沿いの車窓は私の好む風景のひとつである。この区間は京義(キョンウィ)・中央(チュンアン)線の通勤電車なども行き交っている。

7時20分着の清涼里(チョンニャンニ)で、列車はほぼ満席になったようだ。清涼里は慶州(キョンジュ)方面に向かう中央線や春川(チュンチョン)に至る京春(キョンチュン)線のターミナルである。7時22分に発車すると中央線に乗り入れ上鳳(サンボン)、楊平(ヤンピョン)と停車。西原州(ソウォンジュ)を通過すると中央線と分かれ江陵線へと突入した。江陵線は仁川広域市と江陵とを結ぶ京江線のうち西原州以東を指しており17年12月に開業している。18年2月に開催された平昌(ピョンチャン)五輪に

●KTXイウム

イウム（이음）とは、「つなぐ」といったニュアンスの韓国語。動力分散式電車で6両編成、営業最高速度は260㎞／h。現在、中央・江陵・嶺東・中部内陸の各線で運用中だ。なお、車体幅は3150㎜（日本のフル規格新幹線車両は3380㎜）。

合わせての開業は日本の新幹線事情とも通じるところだ。しかし沿線や各駅周辺の開発はわずかで、18年1月に全駅を訪問したさいの車窓と駅周辺はまったくのローカルムード。こうして久々にその車窓を眺めているのだが、この間の隔たりが沿線風景を変えたようには思えない。

列車は五輪でその名が拡散した平昌、そして一風変わった名前の珍富（チンブ）に停車。珍富をすぎしばらくすると不意に停車し、臨時停車である旨の車内放送が流れた。列車はこの先の江陵三角線で江陵へ向かうメインルートと分かれ、正東津方面へと向かってゆく。再び動きだした車窓に安仁（アニン）の駅舎が過った。すでに江陵線を離れ嶺東（ヨンドン）線に入っていたのである。

ほどなく左の車窓に日本海が広がった。安仁からしばらくはKORAIL屈

ソウル方面からの列車が日本海と出合う安仁港付近をゆくITXイウム。

●**京江線**　2023年2月現在は板橋～驪州間と西原州～江陵間が営業中で、延伸工事が進められている。

指の絶景が車窓に展開する。右側列から席を移動する人もちらほら。そんな風景を眺めつつ、定刻から5分ほど遅れて9時17分に正東津着。ギネスブックで「海から最も近い駅」とされており、一面に日本海が広がっている。

かつては海辺の小駅に過ぎなかった正東津だったが、1995年に放映された大ヒットドラマ「砂時計」で登場すると一気に注目を集め、やがて国際的な観光スポットとなった。日の出の名所でもあり、ここで降りる乗客も目立つ。私はあとで正東津の定宿を訪れるつもりだが、次の墨湖（ムコ）で列車を後にした。

観光列車「東海サンタ列車」

墨湖と安仁で列車撮影に挑み、ほぼ5年ぶりに訪れた定宿でオーナーのご家族と再会。おじいさんの「ほぅ、前に来たのは2019年だったか！　元気にしてたかね？」をはじめ、家族揃っての歓待に心身が温まる。息子さんとはイ

●ドラマ「砂時計」　1980年5月に起きた「光州事件」をはじめその時代の社会背景を巧みに取り込んだ作品で、当時は放映時間になると街から人気が消えたとも伝えられている。写真は正東津駅で、ヒロインが特殊警察に逮捕されるわずか2分弱の場面で登場した。

ンスタグラムを見せあいつつお互いにフォロー。墨湖でもふと見つけたネコ雑貨店でオーナーと談笑。同じくインスタグラムをフォローしあった。また、今回の旅ではインスタグラムを通じて知り合った韓国人の鉄道ファンとソウルでオフ会を楽しんだ。外国にこうした友人や知り合いがいて、出会いや再会をともに喜べるのがとてもうれしい。

一夜が明け、江陵駅から「東海サンタ列車」に乗ってみた。江陵〜汾川（プンチョン）間を2時間56分で結ぶ観光列車で、一般のクロスシート車のほかセミコンパートメントやテーブルつきボックス席などバラエティに富む編成で運行されている。しかし乗車券が入手できたのは江陵〜東海間のみ。わずか55分のトリップになってしまった。じつは、江陵〜東海〜三陟（サムチョク）間には「海列車（パダヨルチャ）」という観光列車が運行され人気を博していた。日本海の展望をウリにした列車で、シアターふうに日本海側を向いた座席や「プロポーズ室」なる2人用個室など個性的な編成でも知られていたが、車両の運用期限などの関係から23年12月25日を最後に運

●東海サンタ列車
日本製電車「ヌリロ」の改造車4両編成で運行。もとはソウル〜栄州間で運行されていた「中部内陸観光列車」用の編成で、当時とは塗色などが変更されている。

行終了してしまったのである。「東海サンタ列車」はその血筋を引くともいえるわけで、私としては「海列車」なきあとに触れてみたかったのだ。

一部区間しか乗車券が入手できなかっただけあって「東海サンタ列車」は大盛況。年齢層や旅のスタイルもさまざまで、幅広い層が列車そのものを楽しみに鉄道を利用していることを窺わせる。

シメは中部内陸線KTXで

11時9分着の東海で「東海サンタ列車」を後にした私は、12時1分発の「ムグンファ号」で堤川(チエチヨン)へ。前回訪問時から大幅にリニューアルされた駅舎などを見物

墨湖港付近をゆく「東海サンタ列車」。このあと列車は嶺東線の山間部へと進んでゆく。車窓変化に富む道ゆきも魅力だ。

しつつ17時1分発の「ムグンファ号」で忠州へ行き、中部内陸線の「KTXイウム」に乗り込んだ。

中部内陸線は21年6月に開業した新線で、現在は板橋～忠州間を結ぶ一方、聞慶への延伸が予定されている。ところが定期列車は「KTXイウム」が1日4往復のみ。将来的な計画はともかく大胆な開業という感想を抱いてしまう。

しかし、事情や実態はともかく新線と聞けば乗りたくなるのが〝乗りテツ〟の性というもの。忠州発17時48分の最終列車に乗継ぎ、終点の板橋着は18時53分。優等室にしたところ旅客機のようなモニタつき座席であった。なにげに画面を見ると、ユーチューブやインターネットが利用できるという。夜の帳に包まれた道中、ユーチューブでネコ動画などを友としつつ短い時間を寛いだ。

●堤川・忠州
堤川は中央線と嶺東線の接続駅で、大田方面とを結ぶ忠北線のターミナルでもある。忠州は忠北線の中核駅。

第3章

懐かしさ漂う鉄道旅に出かけよう!

タイを知ろう

異文化世界に息づく伝統的な鉄道
観光大国タイは見どころや楽しみが満載。
鉄道を乗りこなし自分の旅を見つけよう！

タイは東南アジアの中心的な国といえるかもしれない。インドシナ半島中部からマレー半島北部にかけて日本のおよそ1・4倍という国土を持ち、マレーシアとミャンマー、ラオス、カンボジアとそれぞれ陸地で国境を接している。タイ族や華人を筆頭に各地域に民族集団を持つ多民族国家であり、インドの影響を受けたバラモン文化やクメール文化など古代から多彩な文化を吸収し、濃密な文化を築いてきた国でもある。上座部仏教の信仰が盛んで全国各地にきらびやかな仏教寺院が点在するのもタイの典型的な風景といえるだろう。僧侶は尊敬の対象とされ、列車内に僧侶専用席が設けられていることからもタイ文化の一端を見ることができる。敬虔（けいけん）な仏教国ではあるが信仰の自由は認められており、深南部地方はムスリムが多く暮らす。

一方、王室の権威は絶対的であり、ときに政治への影響力を見せることもある。駅をはじめ公共施設などでは朝8時と夕方18時に国歌が流され、国民は起立してその時間を過ごす。また、不敬罪が定められており、ネット上の発言などが問題視されるケースも伝えられている。

近年はインバウンドを含む観光にも力を入れており、日本人観光客も多数訪れている。

なかでもタイ料理は絶大な人気アイテムで、「世界三大スープ」の異名を持つトムヤンクンやタイ風ラーメンとも呼べそうなクイッティオ、炒め麺のパッタイなどは日本でもポピュラーな存在だ。

タイの鉄道はバンコクの都市電鉄を除き全線が非電化で、冷房のない古い車両に揺られ窓を開け放って車窓を眺めるという、いまや日本で体験しづらくなった昔ながらの〝汽車旅〟が日常風景となっている。広大な大地を急がずに往く……。タイはそんな鉄道旅が待つ魅惑の国でもある。

仏教文化の奥深さに接せられるのもタイの魅力。鉄道沿線にも大小の仏教寺院がそこここで見られる（写真はチェンマイ）。

正式国名	タイ王国		
政治体制	立憲君主制	首都	バンコク（クルンテープ）
面積	約 51 万 4000㎢（日本の約 1.4 倍）		
公用語	タイ語		
日本との時差	マイナス２時間（標準時＋７時間）		
通貨	バーツ（１バーツ＝約 4.1 円）。		
衛生	水道水を含む生水の飲用は避ける。デング熱の流行がしばしば発生。通常の旅行であればマラリアのリスクは低い。生食などによるA型肝炎に留意。		
気候	熱帯性気候で、概ね雨季（５～ 10 月）、乾季（10 ～２月）、暑季（２～５月）に分けられる。雨季後期に洪水リスクがあるほか、北部では冬期に冷え込むことも多い。		
主要玄関	スワンナプーム国際空港（バンコク）、ドンムアン国際空港（バンコク）、パダンブサール（陸路・マレーシア）ほか		
入国書類	日本国籍の場合、観光目的については 30 日までビザ不要。ただし、パスポートの有効期間が６カ月以上あることと出国交通機関の予約済みチケットを所持すること。		
電源	220V/50Hz。プラグは A または C、BF タイプ。		
飲食や買い物事情、トイレなど	街中には食堂や商店（コンビニエンスストアを含む）が多く、秘境系訪問を除けば概ね心配はない。主要駅には売店や飲食店が併設されている。トイレはホテルなどでは座式、公衆トイレでは跨座式が主流。トイレットペーパーは詰まりを避けるため個室内に設置されている容器に。		
知っておきたいマナー	敬虔な上座部仏教国であり、他人の足を跨いだり、他人の頭を触るなどの行為は避ける。大声も一般的には忌諱されるので要注意。また、鉄道車内などに僧侶専用席が設けられていることがある。仏教寺院では極端な肌の露出を避けること。また、電子タバコの持ち込みが禁止されているので要注意。		
鉄道以外の交通機関	都市間バス網が充実。簡易バスの「サームロー」やワゴンバス「ロットゥ」、３輪タクシー「トゥクトゥク」なども。		
治安状況	おおむね良好だが、夜の繁華街など注意を要するエリアも。道路歩行時には日本と異なる交通事情もあり要注意。ヤラー県など南部地域の一部でイスラム武装組織によるテロが頻発しており、日本外務省は「渡航は止めてください」ないし「不要不急の渡航は止めてください」を発出している（2024 年２月現在）。		

タイの鉄道路線MAP

ミャンマー
チェンコーン
ラオス
チェンマイ
クンターン
ビエンチャン
タナレーン
カムサワート
ノンカーイ
デンチャイ
ウッタラディット
ウドーンターニー
サワンカローク
バーンダーラー
サワンカローク線
ピサヌローク
東北線
タイ
東北線
バイパス線
コーン
ケーン
シーサケット
北線
ファイ
ヤイチウ
ナコーンサワン
ロッブリー
ブアヤイ
ウボン
ラーチャターニー
ブリーラム
スパンブリー線
ブスパンブリー
タノンチラ
スリン
東北線南線
カンチャナブリー
ナムトック
トンブリー
ゲンコーイ
ナコーン
アユタヤー
ラーチャシーマー
ナムトック線
東線
ノーンプラドゥク
チャチューン
サオ
バーンクロンルク
ナコーンパトム
ポイペト
メークローン線
メークローン
ウォンウィエンヤイ
クルンテープ(バンコク旧中央駅)
スワンナプーム国際空港
チョンブリー
ペッチャブリー
パタヤー
カンボジア
バーンプルー
ファヒン
タールアン
サッタヒープ線
チュクサメット
プノンペン
アンダマン海
南線
チュムポーン
タイ湾
キリラートニコム線
スラーターニー
キリラートニコム
ナコーンシータマラート
ナコーンシータマラート線
トゥンソン
カオチュムトーン
ガンタン線
トラン
パッタルン
ガンタン
ハジャイ(ハートヤイ)
パッタニー
パダンブサール
ヤラー
スンガイ
コーロク
マレーシア

タイの鉄道路線（定期旅客列車運行路線）一覧

路線名		区間	距離
北線	本線	クルンテープ～チェンマイ	751.4km
	サワンカローク線	バーンダーラー～サワンカローク	28.8km
南線	本線	トンブリー～スンガイコーロク	1142.9km
	バーンスー連絡線	バーンスー～タリンチャン	7.4km
	スパンブリー線	ノンプラドゥク～マライメン	78.4km
	ナムトック線	ノンプラドゥク～ナムトック	130.1km
	キリラートニコム線	バーントゥンポー～キリラートニコム	31.0km
	ガンタン線	トゥンソン～ガンタン	93.0km
	ナコンシータマラート線	カオチュムトン～ナコンシータマラート	35.0km
	パダンブサール線	ハジャイ～パダンブサール	45.2km
東北線	本線	バーンチー～ノンカーイ	531.1km
	ウボンラーチャターニー線	タノンチラ～ウボンラーチャターニー	308.8km
	ブワヤイ線	ゲンコーイ～ブワヤイ	250.8km
	ラオス国際線区間	ノンカーイ～カムサワート	13.5km
東線	本線	クルンテープ～ポイペト *	261.2km
	サッタヒープ線	チャチュンサオ～サッタヒープ **	134.0km
メークロン線	マハーチャイ線	ウォンウィエンヤイ～マハーチャイ	31.2km
	メークロン線	バーンレーム～メークロン	33.7km

* ポイペトはカンボジア領。バーンクロンルク～ポイペト間は運行なし
** 旅客列車はチュクサメットまで

懐かしさ漂うタイの鉄道

タイの鉄道はタイ国有鉄道（以下、タイ国鉄または国鉄）が全国におよそ4000kmの路線網を持つほか、バンコク首都圏をエリアにバンコクスカイトレイン（BTS）とバンコクメトロ（MRT）がおよそ200kmの路線網を築いている。

国鉄路線はバンコクの都市電鉄線にあたるレッドライン２系統とスワンナプーム国際空港とバンコク市街地とを結ぶエアポートレールリンクのみが電化路線。ディーゼル機関車牽引列車と気動車編成が旅客輸送を担うほか、多数の貨物列車が運行されている。寝台列車を含む夜行列車も盛んで、日本では体験しづらくなったいにしえの汽車旅を体験できるのもタイ鉄道旅の魅力といえるだろう。特急に相当する長距離列車と都市電鉄線系統には冷房車が導入されているものの、普通列車には空調なしの車両が用いられており、急行も非冷房車が主流で運用中だ。

タイ国鉄には日本製の車両も多く、鉄道ファンにとっても見逃せないところだろう。日本でいう近郊型のセミクロスシート気動車や「旧型客車」と呼ばれる木造車体のボックスシート車が主力として活躍。JR西日本から譲渡された車両と出合えることもある。

そのほか、タイ～ラオス間とタイ～マレーシア間には国際列車が運行され、列車での国境越えやラオス～タイ～マレーシア～シンガポールを結ぶスケールの大きな鉄道旅も容易に体験できる。なお、その国際ルートを含むタイ国鉄はJR在来線より狭いメーターゲージを採用している（エアポートレールリンクおよび国鉄以外の路線は標準軌1435mm）。

木造車両はあたりまえ。なかには木造座席の車両もあり、時代を超えた鉄道旅の味わいを伝えている（撮影／米山真人）。

どんな路線がある?

タイ国鉄の一般路線は、バンコクを中心に北部と東北部、東部、西部、南部へとその路線網を広げている。バンコク近郊のメークロン線系統のみは飛び地路線だが、そのほかの路線は一部の支線を除きいずれもバンコクとの間に直通列車が設定され各路線のメインとなっている傾向が強い（バンコク直通の定期旅客列車がないのは2支線のみ）。そうしたダイヤのため、日本の鉄道旅のように各路線の列車を乗継ぎながらというよりは、支線を訪れる場合でも長距離列車主体の鉄道旅のほうがしやすいケースが多い。

現在、バンコク首都圏の電鉄路線の拡充が急ピッチで進められているほか、タイ国鉄では北部のデンチャイ～チェンコーン間に2025年開業を目指し新線工事が進行中。東北線ではラオス国内部分が延伸され、23年10月にカムサワート駅が開業、24年中に旅客営業をはじめる予定だ。

なお、タイ国鉄では支線に独自の名称がないことなどもあり、本書では日本人向けに用いられている便宜的な呼称をベースにしている個所がある点をお断りしておきたい。また、一般に流通している日本語資料では「北本線」のように「●本線」とされているケースがあるが、タイ語資料には「本線」にあたる記述が確認できないため、「北線」のように「本」を用いない表記に統一した。同様に、路線一覧表で各方面のメイン路線を「本線」としたのはあくまで便宜的扱いとお考えいただきたい。

年代ものの車両も活躍している。古びた車内には冷房もないが、過ごしてみれば意外と快適。時代を超えた鉄道旅の充実感が実感されるはずだ。

国際的な著名路線も

南線のノンプラドゥクを起点にナムトックに至るナムトック線は、先の大戦中に日本軍の主導によって建設された泰緬鉄道をルーツとする路線だ。建設にあたり強制労働にかり出された捕虜に事故などによる犠牲者が続出。“死の鉄道”とも称される陰鬱な歴史を持つことでも知られている。途中、映画「戦場にかける橋」に描かれたクウェー川鉄橋やクウェーノイ川に面する懸崖(けんがい)にへばりつくように木造のタムクラセー桟道が展開し、タイの鉄道のなかでも最大級の見どころとなっている。列車はバンコクのサブターミナルであるトンブリーを起点におよそ5時間半の行程。クウェー川鉄橋のあるカンチャナブリーで1泊するのもおすすめ。週末にはクルンテープ駅発着の臨時列車も運行されている。

バンコク近郊のメークロン線も国内外からの観光客に人気の路線。終点のメークロン駅の手前およそ500m区間はそこに広がるメークロン市場を縫うように線路が延び、商人や買い物客でごったがえすなかを列車が進んでゆくさまは圧巻だ。バンコク側の起点駅・ウォンウィエンヤイ駅はBTSシーロム線の同名駅から徒歩十数分の距離。途中のマハーチャイ～バーンレーム間はターチン川を横断する渡船を利用するなど、片道およそ3時間の行程だ。なお、メークロンとバンコクの戦勝記念塔とを結ぶロットゥを片道に用いるのも便利だ。

旧泰緬鉄道のハイライトといえるナムトック線のタムクラセー桟道。一度は体験したい鉄道名所である（撮影／米山真人）。

市場の雑踏を押しのけるように列車が進む。メークロン線には各国から観光客が押し寄せている（撮影／米山真人）。

どんな列車が走っている?

タイ国鉄の列車種別は、特急、急行、準急に相当する優等列車があり、特急の気動車列車と客車列車の新旧も区別されている。普通列車では「オーディナリー」と「コミューター」がある。この2種は基本的には各駅停車だが、一部の駅や「駅」にカテゴライズされていない「停車場」を通過する列車がある。

車両クラスは1〜3等に区分され、1等は1〜2人用の寝台個室だが、2人室でもベッドごとに寝台券が発売されている点は日本と大きく異なる。2等は寝台車と座席車があり、ともに冷房車と非冷房車が運用中だ。3等は日本のボックス座席で、クロス車とセミクロス車が中心だが、ロングシート車も見られる。

運賃は等級別に距離で計算されるほか、乗車列車により特急(編成により異なる)・急行・準急料金や寝台料金、空調料金がそれぞれ加算される仕組みだ。なお、BTSなどバンコクの都市電鉄は日本と同様に乗車距離によって運賃が計算されるが、BTS〜MRT間など異なる会社線間では運賃は通算されない。

タイ国鉄の列車種別

種別	使用編成
Special Express	新旧2タイプの客車編成、2タイプのディーゼルカー編成
Express	夜行客車編成と昼夜行ディーゼルカー編成
Rapid	客車(一部寝台車つき)、ディーゼルカー
Ordinary	客車、ディーゼルカー
Commuter	客車、ディーゼルカー

設備	1等寝台、2等寝台、2等座席、3等車座席
運賃料金	緩急種別と等級ごとの運賃、空調料金、寝台料金

1等寝台は追加料金で1人占有も可能。公式予約サイトでは、寝台位置を選ぶ画面で一部個室が1人用と予め指定されている。また駅窓口で「マオホーン」と依頼しても対応してもらえる。

※準急——英語表記はRapidだが、運賃体系が普通列車と異なるため準急と訳した。

車両のバラエティを見てみよう

新車が導入される一方で古びたたたずまいの車両も現存。この多彩さもタイ鉄道旅の魅力だ。

最新型の寝台編成。長距離幹線の最優等列車で運用されている。

日本でいう「旧型客車」が主力で活躍。ボックスシートでのんびりと旅を楽しみたい（撮影／米山真人）。

バンコク都市電鉄の一翼として開業したレッドラインには最新鋭の電車が。

ディーゼルランの愛称を持つエアコンつき特急車両（撮影／米山真人）。

JR近郊型タイプの気動車編成は普通列車のほか急行でも運用中（撮影／米山真人）。

タイでも大人気の蒸気機関車列車

タイ国鉄では、年4日ながら蒸気機関車牽引列車が運行を続けており、一大人気イベントとなっている。日本製の牽引蒸機も用いられているので、訪問のさいには銘板をチェックしてみよう。

運行は3月26日の「鉄道記念日」と8月12日の「母の日」、10月23日の「チュラロンコーン大王記念日」、12月5日の「父の日」。運行区間は運転日によって異なるが、クルンテープ～アユタヤ間とクルンテープ～チャチュンサオ間での運転が確認できている。いずれも往復乗車券（指定席）での乗車で、下車駅ではオプションでミニツアーが催行される。

人気列車のため乗車券は入手がしづらいが、運がよければ運行日が近くても入手できることがあるのでチャレンジしてみてはいかがだろう。

路線網拡大がつづくバンコク都市電鉄

バンコク都心やその周辺に展開しているのが、高架鉄道BTSとバンコクメトロMRTである。BTSは現在3路線70.5kmが営業中で、各路線ともに延伸が計画されている。MRTは4路線133.8kmの路線網を築いており、2024年から27年にかけての新線開業が予定されている。

BTSとMRTはバンコク市内観光にも便利。鉄道風景も意外と変化に富んでいる。

一方、タイ国鉄では既存路線（北線・南線）に並走する形で電鉄路線・SRTレッドラインとダークレッドラインを2021年にそれぞれ部分開業。国鉄線のバンコク都心付近も一気に変貌しつつある。そのほか、前項でも触れたが、スワンナプーム国際空港とバンコク市街地のパヤータイとを結ぶエアポートレールリンクも国鉄路線（運営は民間のAsia Era One Company）。パヤータイでSRT、マッカサンでMRT（ペチャブリー駅）とそれぞれ接続している。

おもな駅と駅利用の注意点

タイ国鉄の駅は電鉄線とクルンテープアピワット中央駅（次項参照）を除き改札口が設けられていない。ホームへの立ち入りもほぼ自由で、駅構内売店などが列車利用客だけでなく地元の人々に愛用されているのもごくありふれた光景だ。

一方でBTSなどの都市電鉄は自動改札オンリー。空港鉄道を含む都市電鉄の各駅とクルンテープアピワット中央駅の入口には金属探知機が稼動しており、係員が常駐しているが、通常はトラブルになることもないようだ。また、MRTの地下駅では写真撮影が禁止されているので要注意。タイ国鉄の一般路線では写真撮影は問題ないが、2023年12月にクルンテープ駅構内で写真撮影禁止の案内看板があるのを発見したので、ひょっとすると今後は注意が必要になるのかもしれない。

威風堂々としたクルンテープ駅。本数は減ったが利用する機会も多いはず。

大きく変貌したバンコク中央駅

タイ国鉄のバンコク中央駅は、開業以来クルンテープ駅がその役割を果たしてきたが、2021年に新中央駅としてバーンスー中央駅が開業、その後クルンテープアピワット中央駅と改称され、23年1月から優等列車を中心にターミナル機能をクルンテープ駅から移転した。同駅には、SRTレッドラインが発着するほか、MRTブルーラインが接続、隣接するバーンスー駅にはクルンテープ発着の普通列車が発着している。ただし、いずれの路線間も連絡導線が便利とはいえないので、訪れるさいは時間に十分な余裕を持つようにしたい。また、一般路線ホームにおいて列車別改札が導入され、乗降時以外はホームへの立ち入りもできなくなった。

旧中央駅のクルンテープ駅は東線のターミナルとなっているほか、北・東北両線の中長距離列車を含む普通列車が発着している。

新中央駅は褒めるところがないというのが利用してみた著者の本音だが、今後の発展には期待したい。

運行ダイヤを調べよう

タイ国鉄の列車ダイヤは公式ウェブサイト（https://railway.co.th〈2月現在つながらない状況が続いている〉）でダウンロードできるほか、区間ごとの検索にも対応している（タイ語・英語）。また、駅窓口で時刻表のプリントを無料配付していることもある。

駅では時刻表のほか、遅延情報などが掲出されることもあるのでチェックを。遅延情報などはタイ語オンリーが基本だが、時刻と列車番号、遅延時間は数字なので問題ないハズだ。ちなみに、少し以前まではタイ国鉄といえば遅延の宝庫で、正確なのは始発駅の発車時刻ぐらいとも揶揄されたが、最近はだいぶ改善されてきた（それでも大幅遅延が生じることもあるので、スケジュールを立てるさいに考慮したい）。なお、ウェブサイトでは列車ごとの運行状況も公開されている。

切符の買い方

乗車券を駅窓口で購入する場合は、カタコト英語でも十分に通じる。乗車当日の場合は列車番号と等級、行き先、枚数を伝えればいい。また、メモを用意しておくのも便利で、特に翌日以降の前売りを買いたい場合には確実なこちらをおすすめしたい。

また、公式サイト（https://www.dticket.railway.co.th/）で購入することもでき、私は優等列車を利用するさいはこの方法が最も確実だと愛用している。まず、氏名とパスポートIDなど記入して利用者登録。対象列車は寝台車と座席指定車で、乗車日と列車番号、利用設備、区間、枚数を画面指示にしたがって入力すればよく、寝台・座席ともに好みの位置を指定できる点もありがたい。クレジットカードで決済する仕組みで、JRの指定券と同様にそれぞれの情報が記されたPDFファイルが発行される。これをプリントアウトすればそのまま乗車券として使用できる。

どこに泊まる?

宿探しはやはり駅を基準するのが便利。宿泊料やスタイルはまさにピンキリで、旅慣れたバックパッカーは1泊数百円レベルの安宿を愛用しているが、そのレベルになるとエアコンが期待できなかったり、シャワー・トイレ共用だったりが一般的だ。しかし、エアコンつきのビジネスホテルレベルの宿でも、1泊2000円～3000円台前後（500バーツ台～）で探すこともでき、過剰な節約を意識しなくても比較的割安旅が可能。

なお、バンコクでは旧中央駅・クルンテープ駅付近に宿がいくつもあるが、新中央駅・クルンテープアピワット駅周辺はまだ開発途上といった感じだ。アクセスにはBTSなどの都市電鉄の利用が便利だが、それぞれの運行時間帯はチェックしておく必要がある。

日本からのアクセス

成田・羽田～バンコク間は直行便でおよそ6時間半。所要時間からすると断然直行便だが、旅費の節約などといった面から経由便を利用してもいい。おもな経由地は仁川と台北、上海、北京、香港で、仁川および中国経由便が比較的安価な傾向がある。私自身も値段と気分転換とを兼ねて経由便を選ぶことも多い。

行程にマレーシアやラオスなどを組み合わせる場合は、往復ではなくオープンジョーという形式の航空券を利用するのが便利だ。これは、羽田～バンコク<鉄道移動>クアラルンプール～羽田のように異なる発着地を組合わせるもの。往復便と同額か大差のない運賃が設定されていることが多いので、計画のさいにチェックしてみるのがおすすめ。LCCの場合は片道購入が原則なので、自由な行程を組み合わせればいいことになる。

広大な敷地を持つスワンナプーム国際空港。混雑も激しいので時間に余裕を持った利用を。

タイへの入国

観光目的の日本国籍者は30日までノービザ滞在が許可される。空港のイミグレーションでは、パスポートの提示のほか乗ってきた航空便の搭乗券（航空券ではないので注意）の提示を求められることがある。通常は特に質問されることもなく入国が許可される。以前は入国カードの記入と提出が必要だったが、2022年7月以降は不要となった。

一方、陸路では入国カードが必要で、イミグレーション前にカードと記入スペースが用意されている。入国日や入国場所、出国予定日と交通手段（航空の場合は予約便の便名）、職業、団体ツアーか個人旅行かなどといった項目がある。宿泊予定施設名などを記すスペースは、予約がない場合や、入国日に夜行列車を利用し一夜を過ごし、ホテルなどには宿泊せず翌日に出国するような場合でも、なにかしら記入しておくこと。

ひとつ注意しておきたいのは、陸路入国が１年に２回までとされていることだ。これは有効ビザを持たずに就労や長期滞在をすること（ビザランと呼ばれている）を防ぐ意味合いがあるとされている。なお、年をまたぐとカウントはクリアされる。

空港のイミグレーションを抜けたら、飛行機への預け荷物がある場合は指定ブースに立ち寄り荷物をピックアップ。税関は申請物がない場合は提出書類などなしでスルーできる。

空港から主要駅まで

空港から入国したらまずバーツに両替を。スワンナプーム国際空港の場合、到着ロビーやエアポートレールリンクの入口付近などの多数のブースが出ているので、両替する円とパスポートを窓口に出せばすぐに対応してもらえる。なお、店舗によりレートの違いがある。また、市内の銀行や両替所での両替も可能だ。

スワンナプーム国際空港からバンコク市街地へのアクセスはエアポートレールリンクが断然便利。乗車には自販機（タイ語・英語）で目的地までのトークンを購入し自動改札を抜ければいい。運行時間はおおむね5時30分〜24時で終点のパヤータイまでの所要時間はおよそ27分。

エアポートレールリンクの運転時間外や目的地によってはタクシーやハイヤーサービスのAOTリムジンを利用することになる。後者は空港到着フロアにブースがあるが、ひとり旅ではかなり割高。タクシーは1階に乗り場があり、発券機で整理券を入手しその番号のタクシーを利用する。メーター運賃のほか空港使用料（50バーツ）と高速代金が別途必要。そのほか、エアポートバスがいくつかの路線で運行されている。

ドンムアン国際空港の場合は、タイ国鉄と直通通路があり、一般路線かレッドラインに乗車できる（レッドラインはドンムアン発バンコク市街地方面ゆきが5時7分〜0時7分）。ほか、エアポートバスや一般の路線バス、タクシーなどが利用可能だ。

タイのICカード乗車券

タイで用いられているICカード式乗車券に「ラビットカード」と「MRTカード」がある。「ラビットカード」は1枚300バーツで適宜チャージして利用できるが、交通機関で使えるのはBTSとBRTのみ。「MRTカード」はMRTの乗車のみに有効で、いずれも利用範囲が極めて狭い。そのほかバスや高速道路利用など広範囲での利用をうたった「メンムムカード」があるが、これはタイ国籍者限定のため、残念ながら日本人は利用できない。

いよいよタイの列車旅へ!

バンコクを起点とする場合、優等列車はクルンテープアピワット駅、普通列車の一部と東線列車はクルンテープ駅が始発となるので、タイ国鉄公式サイトで列車時刻表を確認して出発駅へ。

座席指定でない普通列車を利用する場合やネット予約をしていない場合は駅窓口で乗車券を購入。特急など全車指定席（寝台を含む）を利用する場合は、ネット予約か早めに窓口で購入するほうが無難だ。

クルンテープアピワット駅は列車別改札。時間がある場合は、指定された待合いスペース（路線や発車列車の案内が掲出されている）やフードコートなどが利用できる。クルンテープ駅では列車が早めに入線しているのが普通で、好みの座席を確保する意味からも早めに駅を訪れたい。列車の発車案内には英語表記もあるので安心だ。

車内での過ごし方

タイの鉄道旅で留意したいのは、一律して車内が禁酒・禁煙であること。一方で、アルコール以外の飲食については極めて大らか。普通列車では地元のおっかさん＆おとっつぁんと思しき人々が列車に乗り込んできてはソフトドリンクや軽食——バナナの葉でくるんだパッタイ（タイ流やきそば）など——の車内販売に勤しんでいる。

中長距離の急行や快速でもこうした車内販売に出合えるほか、寝台車では食堂車スタッフが弁当の注文販売にあたっていることも多い。値段は町中の食堂よりやや張るが、食堂車で調理し温かいまま届けられるありがたいサービスだ。ただし、営業していない場合もあるので、心配な人は乗車前に食事を済ませるか、非常食を調達しておくのが無難かも。

ディーゼルカーを用いた座席特急（スプリンターとも呼ばれている）は冷房車ということもあり日本の特急と大差のない雰囲気。途中、軽食類などのサービス（運賃込み）が実施される。

なお、新型編成の寝台列車を除き車内放送は実施されていない（そもそも放送設備がない）。車内改札の際に車掌が顔を覚えていてくれて教えてくれることもあるが、途中駅で降りる場合は、下車駅が近づいたら時刻表と時計、車窓をチェックして備えることを忘れずに。

国際列車に乗ろう

タイの鉄道旅は列車による国境越えも楽しみのひとつ。現在、列車で越えられる国境は次の2カ所。

●タイ～マレーシア間

パダンブサール駅で出入国手続きと列車乗継ぎ

●タイ～ラオス間

ノンカーイ駅で出国と列車乗継ぎ、タナレーン駅で入国（ラオスからは逆進行）

パダンブサール駅はすでにマレーシアだが、駅構内に双方のイミグレーションがあり、そこで出入国手続きができる。タイ側はクルンテープアピワット～パダンブサール間の夜行特急のほか、ハジャイ発着の普通列車が

タイ・ラオス国境を越える国際列車。現在はノンカーイ発着のひと駅間運行だが、近年中に中長距離列車が乗り入れるという話もある。

運行。マレーシア側はクアラルンプールのKLセントラル駅などとの間を結んでいる。

ノンカーイ～タナレーン間は１日２往復運転で、朝のタナレーンゆきと午後のノンカーイゆきはいずれもクルンテープアピワット発着の寝台特急と接続している。なお、2023年10月にタナレーンから先のカムサワートまで開業しており、24年中に定期旅客列車の営業がスタートする予定だ。それに伴いタナレーン駅の旅客営業は廃止され、ラオスの出入国手続きはカムサワート駅に移管されることになる（153ページ～にも詳述）。

そのほか、タイ～カンボジア国境のバーンクロンルク～ポイペト間とタイ～マレーシア間のスンガイコーロク～ランタウパンジャン間も線路がつながっているが、ともに列車の運行は中断されたままである。

日本から渡った鉄道車両も活躍中

ＪＲからタイに渡った旧日本国鉄車両がある。

元ＪＲ西日本のＡ寝台個室車両オロネ25形300番台や24系Ｂ寝台車両のほか、元ＪＲ北海道の14系座席車両やキハ58系などが海を渡ってきた。寝台車は塗色やモケットが変更されたほかは日本当時の様子がよく残っている。また、12系座席車が1+2列の座席配置に改造され、2等座席車として活躍中だ。キハ58系はすでに廃車状態で、パーンプルタールアン駅などいくつかの駅構内で留置されているのを見ることができる。

最近の話題では、JR北海道から移籍したキハ183系が、ヘッドマークつきの観光列車に用いられている。車体側面にはキハ183系当時のままの車体番号が残され、ツアーが「KIHA183」をタイトルにして販売されているのは日本の鉄道ファンにとってもうれしいところではないだろうか。

そのほか、かつての「北斗星」牽引機だったDD51形がタイに譲渡されているが、タイ国鉄の所属ではなく工事会社によって運用されている状況だ。

column
01

ミャンマーの鉄道

東南アジア屈指の秘境エリアを網羅する
魅惑の鉄道路線網。

ミャンマーの鉄道はミャンマー国鉄の運営で、ほぼ全土にわたりおよそ6100㎞の路線網が展開している。鉄道ファンにとっては、日本のJR九州を除く旅客5社や名古屋鉄道、北海道ちほく高原鉄道、いすみ鉄道などの私鉄・第三セクターから車両が譲渡されていることも特筆事項といえるだろう。首都・ヤンゴンと観光地でもあるマンダレー間は外国人観光客の利用も見られる。また、北東部のマンダレー～ラーショー間のシーボー付近に架かるゴッティ鉄橋は世界第2位の高さ102m、全長689mで密林をまたぐプレートガーダー橋。英国植民地下にあった1900年に開通した歴史のある鉄道遺産でもある。

打ち捨てられたような車両が現役だったり、激しすぎる揺れに耐えながらの乗車など、まさにいま乗っておきたい鉄

車両も保線状況も万全とはいえないが、それもまたミャンマー鉄道旅の魅力だ。

道の宝庫ともいえそうだ。列車ダイヤは極めてまばらであり、1日1往復きりの路線（区間）もあれば、突然に運休路線になったと思ったら復活したりと、その常識はずれぶりもこの国の鉄道の素顔なのである。

しかし、長年にわたり政治が安定していないなか、2021年2月に軍事クーデターが発生。現状では訪問しづらい状況下にあり、日本外務省は全土にわたりレベル2（不要不急の渡航中止）またはレベル3（渡航中止勧告）を発出している。

ミャンマーの駅に掲示された手書きの発車時刻表。全般に運転本数は少なく、変更も多いと言われている。

column 02

カンボジアの鉄道

タイとの国際ルートやアンコールワット観光などにも使ってみたい発展途上の鉄道。

カンボジアの鉄道路線はカンボジア王立鉄道がプノンペン〜ポイペト間385㎞（北部線）と、プノンペン〜シアヌークビル間263㎞（南部線）の2路線を運営している。

その歴史はフランス植民地（仏領インドシナ）時代の1929年に遡るものの、1970年代に続いた内戦やポルポト政権下を経て壊滅的な時代を経験してきた。21世紀に入り復旧が本格化するとともに、2019年4月にタイ国鉄と45年ぶりにレールが締結。将来に向けてはベトナムやシンガポール、中国とを結ぶ「アジア横断鉄道」などが提言されている。

しかし現在の運転状況は限定的で、定期旅客列車はプノンペンロイヤル〜バタンバン間（273㎞）とプノンペンロイヤル〜シアヌークビル間にそれぞれ1往復ずつのほか、公式フェイスブックではプノ

24年2月現在の運行本数は各路線1往復ずつという状況。

ンペンとプノンペン近郊のトゥールリーブとを往復する区間運転列車が告知されている。沿線にはトンレサップ湖やアンコールなどの著名観光地があるほか、両線ともにタイとの周遊ルート上にあるなど旅行者にも便利なハズで、今後の発展に期待したいところだ。

一方、2018年4月にプノンペンロイヤル〜プノンペン国際空港間の空港線が開業しトラム風の車両が走っていたが、20年7月に運行を休止したのち線路は埋められてしまった。

プノンペンロイヤル〜プノンペン国際空港間で運行されていた空港線。現在は運行を休止している。

夏の記憶を歩く〜メークロン線の小旅行

メークロン線

いつか見た街の賑わい

バンコクでの一夜が明けた。ホテルの自室から街の様子を窺うと、すでにその一日がはじまっているようだった。

「やはり暑そうだな……」

路面やビルの壁を照らす陽射しがそう思わせる。

バンコク・スワンナプーム国際空港に着いたのは昨夜22時すぎ。空港鉄道・エアポートレイルリンクとMRT（地下鉄）を乗継いでホテルに辿り着いたのが23時50分ごろ。短い初日は好印象で過ごすことができた。笑顔で列車乗り場を教えてくれた空港警備員。切符の買い方をサポートし、乗り場を間違えないようにと念押ししてくれた駅員。タイ語の「ありがとう」の発音を丁寧にレクチャーしてくれたホテルフロント嬢。春先の日本からやってきてそのギャップが心配だった熱帯の暑さはさほどとも思えず、快適に過ごすことができたその朝である。

「いい旅になりそうだ」

今日の目的であるメークロン線は、ウォンウィエンヤイ駅が始発。ウォンウィエンヤイ駅は、バンコクを縦断するチャオプラヤー川を挟んでメインターミナルであるクルンテープ駅の対岸側にある。幸い、ホテルの最寄り駅からは、MRTとBTSとを乗継ぐことでBTSのウォンウィエンヤイ駅まで行ける。メークロン線の駅までは離れているが、地図を

BTSのウォンウィエンヤイ駅。ここから下町ふうの雑踏を歩きメークロン線の旅へ（撮影／米山真人）。

見ると20分も歩けば辿り着けそうだ。

そして実際にその通りになったが、駅に着いてどれだけどのような感想を抱くかということまでは事前にはわからない。だから、表通りから奥まった雑踏の先に線路とウォンウィエンヤイ駅のホームが現れた途端、この地にやってきたことに感激を覚えた。片面1線の長いホーム全体に連なる商店や食堂。列車を待っているのか、それともそれらの店に用事があるのかはわからないが、ホーム上は人々の往来の場であり社交の場と化している。低いホームの反対側には半ば埋もれかけたような狭軌の線路と路盤が一直線に延び、そこもまた往来で賑わっている。線路を挟んだホームの向い側もまた商店街だ。日本語の看板を掲げた「寿司」屋があったり、子ども向けのおもちゃが並んでいたり、日本でも見かけるようなイ

多目的な（?）人々で賑わうウォンウィエンヤイ駅に列車がやってきた（撮影／米山真人）。

ラストのネコ缶などを商う店もある。異国ではあるけれど、どこかノスタルジックでもある。

「プワン……」

控えめな警笛を合図に、メークロン線の列車がやってきた。銀色のボディに黄色のラインをアクセントとした気動車である。

小さいとはいえ首都ターミナルだ。立客も目立つ車内から降りる人々と、列車に乗り込もうとする人々が激しく交錯し、それまでののんびりムードから一転してしまった。低いホームからよじ登るように乗り込み、ボックス席の窓側を確保する。銘板の類を確かめる間もなかったが、つくりから察するに日本製のようだ。

ついさっきまで眺めていた駅界隈の風景も、車窓からは異なる印象をもたらす。汽車の行方に期待感を募らせていると、やがて静かにウォンウィエンヤイ駅を後にした。どこぞの国のように下世話な騒音とも無縁で、気動車特有のう

列車が到着するやホーム上は戦場に。

JR近郊型を思わせるつくりだ。

なりが心身を静かに刺激する。定刻の10時40分から5分ほど遅れての旅立ちであった。終点のメークロン駅到着は14時30分。4時間足らずの行程である。

自然の風を感じながら……

最初に現れたのは、バンコクの下町といってよさそうな街並であった。かつて〝水の都〟であった名残りの水路を渡ると、その両岸に立ち並ぶ家々から生活臭が漂ってくる。線路の両側には果てしなく家並が続き、ときにそれが手の届く範囲にまで迫る。そして木々の緑。冷房などありようのないローカル列車である。全開にした窓から、バンコクの風がそうした情景とともに飛び込んでくる。こんな列車に揺られるの

見知らぬ駅で上下列車の行き違いを過ごす（撮影／米山真人）。

は、はたしてどれほどぶりだろうか？　私には、それだけでもタイにやってきた価値と喜びとがあるような気がした。

一つ目のタラートプルに軽く停まり、３つ目のワットサイを過ぎるころから、車窓がにわかに田舎のそれに変わってきた。ワットサイの「ワット」は仏教寺院の意。仏教国であるタイには大袈裟にではなくそこここに寺がある。それほどに暮らしと仏教とが結びついているのであろう。ワットサイの次はワットシン。車窓に派手な装飾の仏教寺院が現れては通り過ぎてゆく。

ふと気がつくと、空が広くなっていた。プロムデーンという小駅を過ぎるころには田畑が目立つようになり、さらにバナナの樹が車窓をかすめるようになった。通りすぎる水面や樹木に熱帯の陽射しが降り注ぐ。だが暑くないのはどうしたことだろう。列車が走っている間は風が飛び込んでくるからいい。では、停車した途端に灼熱地獄になるかというと、まったくそうはならないのだ。「乾季だからさ」と片づけるのは簡単だけれど、この快適さは意外ですらある。

マハーチャイ～バーンレーム間で渡船トリップを楽しむ。

渡船にはバイクも乗り込む。いつもの生活の足だ。

列車は途中13駅に停まりながら、ほぼ1時間をかけてマハーチャイ駅に到着。乗客が次々と商店がひしめくホームに降り立ってゆく。

メークロン線の旅は、ここでちょっとした儀式を済ませなければならない。じつは、マハーチャイ駅のすぐ先にターチーン川というやや幅のある河川が横たわっているのだが、そこに橋が架けられていないのである。つまり、メークロン線という一つの路線でありながら、その中間部分は渡し船に乗り換える必要があるわけだ。駅舎待合室に示されている船着き場までの道順を頼りに目抜き通りを歩く。そこは市場の真っただ中だった。名前もわからないような魚介の数々が、熱帯の白昼に並ぶ。アミの塩辛のようなものを満載したオケもあるが、発酵し過ぎないか心配になる。

熱帯の静寂をひた走る

マハーチャイ駅構内には車庫も。

●バーンレーム駅
バーンレーム駅では広い構内と敷地が広がっていた。

ターチーン川を渡りきった対岸には、とりたてて特徴のない住宅地が待っていた。そんな一隅にも立派な仏教寺院があり、その傍らには墓地もある。その奥にひっそりとたたずむバーンレーム駅。このメークロン線後半の始発駅の駅前にはとりたててなにがあるわけでもないが、10両ぐらいは収まりそうな長いホーム上にはアーケードふうの屋根がかかり、1面1線とはいえ敷地は広い。そのつけ根には、メークロンゆき気動車が客待ち中だった。マハーチャイまで乗ってきたのと同じタイプだが、編成は半分の3両。ウォンウィエンヤイ〜マハーチャイ間が1日17往復を数えるのに対し、バーンレーム〜メークロン間はわずか4往復。川を境にこんなにロケーションが異なるというのも面白い。

乗り込んでみると、満員ではないものの、まるまる空いているボックス席はないようだった。年輩男性がひとりで座るボックスに挨拶しつつ腰掛けると、笑顔であれこれ話し掛けてきてくれた。タイなまりというのだろうか、クセの強い発音の英語のうえ、私は英語会話が面倒で仕方がないタチなのでいまひと

沿線には塩田地帯やエビなどの養殖場も。

つ会話が噛み合わない。だが、日本からタイの汽車に乗りにきたというのはわかってもらえたらしく、車内のあちらこちらを指差しては「これは席番号。順番はこう」「扇風機のスイッチはコレだけど、壊れてるみたいだね」などと教えてくれる。そうしていると、夫婦らしい中年男女がボックスに加わって、「こういうところもあるんですよ」とスマートフォンで写真を見せてくれたりもする。それにしても、タイ人と日本人とはとても近い親戚なんだなぁと思うことが、ここまでのわずかな滞在時間で何度もあった。あとから加わった男性には、つい日本語で話し掛けそうになった。ひとり旅がつかの間の4人旅となって、お互いにカタコトの会話で盛り上がる。

バーンレームから先のメークロン線は、完全無欠のローカル線であった。ラテライトの赤茶けた道が寄り添い、バナナ樹園やマングローブの森が通り過ぎてゆく。駅といっても駅舎もホーム

メークロン市場の雑踏をかき分けるように列車が進む（撮影／米山真人）。

もないような広場に停まると、土地の人々が乗り降りをする。ごくたまに通り過ぎる踏切では、列車の通過とともに係員がサオを担ぎ上げているのがみえた。架線も電柱もなく一直線に延びる線路と路盤。単調だけれど、飽きない風景である。

「あれは塩をつくっているんです」

いくつもある塩田を指して、年輩男性が教えてくれる。

小一時間ほど走った列車は、にわかに雑踏のなかへを足を踏み入れてゆく。メークロン市場だ。線路脇の建物が増え、無人に近かった車窓に人々の群れが飛び込んでくる。まるで市場のトンネルである。トンネルではあるが、車窓の色彩は激しく豊かだ。この突然の変貌には驚くほかはなかった。

メークロン着14時30分。この列車は1時間後に折り返し、それがバンコク方面への最終列車となるが、乗り続けていてはここまでやってきた意味がない。このまま折り返すという3人と握手で別れ、市場の雑踏を目指すことにした。

●メークロン市場
市場のなかに線路が通り、列車が来ない時間帯は線路が歩行者通路と化している。

タイで迎えた縁日

市場歩きは楽しい。韓国散歩でもはじめての町では市場を探す。国は違えど活気は一緒だ。だが、ここメークロン市場がほかと異なっているのは、市場のド真ん中をメークロン線の線路が貫いているところにある。ところが、線路や路盤上にも商品が並び、その真上には日よけのテントがアーケードの代わりを務めている。買い物客や観光客らは路盤上のレールとレールとの間を腰を屈めて行き交う。さっき乗ってきた列車はここを通ってきたのだが、そうと知らずに歩いていれば、単に廃線上に店が並んでいるとしかみえないかもしれない。

そんな情景を眺めていると、周囲の市場商人たちが片づけをはじめた。路盤上のハコを運ぶ。路盤にハミ出した商品を、敷いたビニールシートごと自陣へと引っぱってゆく。地上の片づけが済むと、こんどは庇だ。次々と庇が上げられて空が広がってゆくさまは、まるでモーセの奇跡のごときでもある。よくみ

庶民的市場の賑わいのなかを歩いていると、その国と土地に溶け込んだような充実感を覚える。

れば、庇の支柱を抱えてふんばっているおばさんがいたりもするが、そうしているところにバーンレームゆき最終列車がヌっと顔を出した。いっせいにシャッターを切る観光客。徐行で迫ってくる車両は、ほとんど目の前といっていいほど接近して私の前を通り過ぎてゆく。ファインダーごしに、車内から手を振る子どもたちの笑顔と歓声が見えた。

列車が通り過ぎるとともに、市場は速やかに復元。「なにごともなかったように」という言葉が、これほどに相応しい風景というのもそうはないだろうなぁと思う。

「エキスキューズミー？」

振り返ると東洋人の若い女性だった。記念写真を撮ってほしいというので、快く引き受ける。カメラを返しつつ、お互い同程度の英語でやりとりしていたが、辿り着いた結論は簡単だった。

「あれ、日本人だったんですか？」

●メークロン駅
アーケードふうに覆われたメークロン駅。ここも市場の一部のような喧噪がある。

「こっちもそうかなと思ったけど（笑）」

メークロン市場からは、ロットゥ（ワゴンバス）でバンコクに戻った。行きがかり上（？）彼女と一緒だったが、

「こういうのがあったんですね。どうやって戻ろうかと思ってたんです」

というのは度胸があるというべきか……。

ひとり旅が4人になり、つかの間のふたり旅となる。とりたてて予定もなかったが、「もう一カ所行きたいところがあって」という彼女につきあって、バンコクのウィークエンドマーケットを訪れることにした。

夏のたそがれどき。徐々に露店の灯がまぶしくなるころの観光市場は、縁日そのものに思えた。夜のはじまりの熱気もまた心地いい。

「こうして歩いていると、夏休みみたいだね」

「私もそう思ってたんですよ。なんだか懐かしいですよね！」

タイで出合ったのは、忘れかけていた夏の記憶であった。

便利な乗合ワゴンのロットゥ。

●ウィークエンドマーケット
BTSのモーチット駅が最寄り。土産探しにも絶好のポイントだ。

第4章

ふたつのエリアにまたがる広大な鉄道網

マレーシアを知ろう

多彩な文化が育まれる多民族国家
独自の歴史に支えられ
“文化のるつぼ”を体験！

マレーシアはマレー半島南部とボルネオ島北部に日本のおよそ9割規模の国土を持っている。マレーシアの特徴の筆頭に挙げられるのが多民族性だろう。これはオランダやポルトガル、イギリスといった欧州の列強に支配されたなか、多数の移民を受け入れてきたことに由来する。現在、人口のおよそ3分の2を占めるマレー系を中心に、中国系とインド系住民がコミュニティを築いており、半島山間部やボルネオ島などで暮らす少数民族も多い。

国家としてはイスラム教を国教としているが宗教の自由は認められ、仏教徒やヒンドゥ教徒、キリスト教徒も少なくない。こうした背景から、多彩な食文化が形成されたほか、街づくりにもそれぞれの文化色が反映され、マレーシアの特色を形づくってきたのである。また、それぞれの民族が独自の文化と生活圏を築く一方、マレー人と中国系とが融合したプラナカン文化でも知られ、マラッカをはじめ街中でその建築や食をはじめとする独特の文化も育まれてきた。

鉄道はマレー鉄道がおよそ１７００㎞の路線網を持つのをはじめ、クアラルンプール首都圏には３００㎞に迫る都市電鉄網が展開。ボルネオ島サバ州にサバ州立鉄道が人々の生活の足などとして利用されている。

マレー鉄道はイギリス植民地時代の１８８５年に産声をあげた歴史ある鉄道で、当時は半島北部で採れるスズの輸送を目的として建設された。タイ国鉄と同じ１０００㎜ゲージで建設され、国際列車の舞台としても広く知られてきたが、昨今は路盤の強化などとともに高速化改良が進み、国内輸送の要として進化を続けている。

マラッカ（ムラカ）は、かつての植民地時代の名残とともに中国からの移民らが独特な文化と街並をつくってきた。多民族国家であるマレーシアらしさを体感できる街だ。

正式国名	マレーシア
政治体制	立憲君主制
首都	クアラルンプール
面積	約33万km²（日本の約0.9倍）
公用語	マレー語（中国語、タミール語ほか）
日本との時差	マイナス1時間（標準時＋8時間）
通貨	リンギ（1リンギ=約31円）。
衛生	水道水を含む生水の飲用は避ける。デング熱の流行がしばしば発生。ジャングル探訪などを除き一般にマラリアのリスクは低い。生食などによるA型肝炎に留意。都市部では医療体制は整っている。
気候	熱帯雨林気候で、年間を通じて高温多湿傾向。エリアにより差違があり、クアラルンプールでは6・7月が比較的降水量が少ない。ボルネオ島では2～9月が乾季。
主要玄関	クアラルンプール国際空港（クアラルンプール）、スバン国際空港（クアラルンプール）、ジョホールバル（陸路・シンガポール）ほか。
入国書類	日本国籍の場合、観光目的については90日までビザ不要。ただし、パスポートの有効期間が6カ月以上（空欄ページが2ページ以上）あることと出国交通機関の予約済みチケットを所持すること。また、クアラルンプール国際空港から入国予定の場合、デジタル入国カードの事前登録が必要。到着3日前から専用サイト（https://imigresen-online.imi.gov.my/mdac/main?register）で受け付けている。
電源	220Vまたは240V/50Hz。プラグはBFタイプ。
飲食や買い物事情、トイレなど	街中には食堂や商店（コンビニエンスストアを含む）が多く、秘境系訪問を除けば概ね心配はない。ただし、酒類の提供・販売は限定的で値段も高い。トイレはホテル等では座式、公衆トイレでは跨座式もみられる。トイレットペーパーは詰まりを避けるため個室内に設置されている容器に。

知っておきたいマナー	国教であるイスラム教におけるタブーに留意。食事や物の受け渡しなどに左手を用いないことや、極度の肌の露出を避けるなど。人物の写真撮影には宗教的観点からも許可をもらうなどの配慮を。
鉄道以外の交通機関	都市間バス網が充実。
治安状況	おおむね良好だが、繁華街など注意を擁するエリアも。ボルネオ島サバ州東海岸等で武装集団による外国人誘拐事件が発生しており、日本外務省は「渡航は止めてください」または「不要不急の渡航は止めてください」を発出している。道路横断時には日本と異なる交通事情もあり要注意。

ボルネオ島のタンジュンアル海岸は絶好のサンセットスポット。

クアラルンプールのランドマークともいえるペトロナスツインタワー。映画の舞台にもなった。

マレーシアの鉄道路線一覧

タイ
ハジャイ
パダンブサール
スンガイコーロク
南シナ海
トゥンパ
コタバル
アロースター
ケダ線
ペナン島
バターワース
グアムサン
マレーシア
イポー
キャメロンハイランド
クアラリピス
東海岸線
KLセントラル(クアラルンプール中央駅)
バトゥケーブス
スカイパークターミナル
ポートクラン
クアラルンプール国際空港
グマス
マラッカ海峡
マラッカ
西海岸線
JBセントラル
インドネシア
ウッドランズトレインチェックポイント
シンガポール

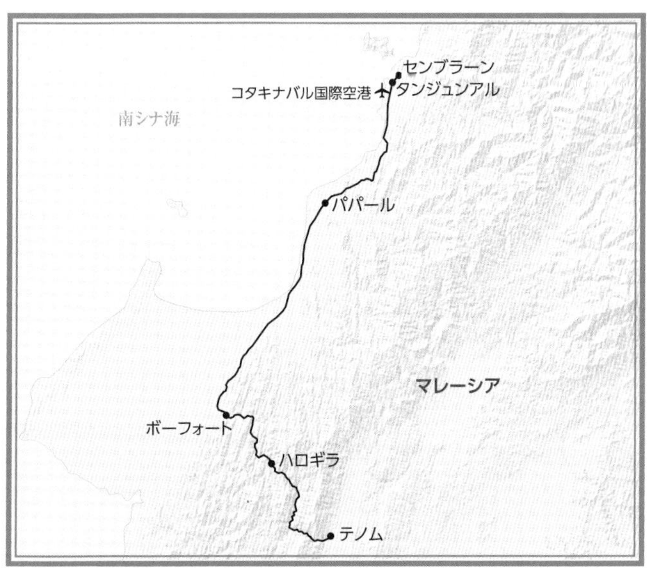

マレーシアの鉄道路線（定期旅客列車運行路線）

マレー鉄道		
路線名	区間	距離
西海岸線	バターワース～ウッドランズトレイン チェックポイント	760.0km
ケダ線	パダンブサール～ブキッムルタジャム	157.8km
東海岸線	トゥンパ～グマス	527.7km
バトゥケーブス線	バトゥケーブス～バトゥ分岐点	8.7km
ポートクラン線	ポートクラン分岐点～ポートクラン	43.2km
スカイパークリンク線	スバンジャヤ～ターミナルスカイパーク	8.1km

都市電鉄		
路線名	区間	距離
ラピド KL	6 路線 *	226.8km
エクスプレス レールリンク	KL セントラル～ KLIA2	57km

サバ州立鉄道		
路線名	区間	距離
サバ州立鉄道	センブラーン～テノム	136km

*2024 年中にバンダルウタマケラン線 36km が開業予定

マレー半島のほかボルネオ島にも魅惑の鉄道が

マレーシアの鉄道は、首都クアラルンプールを擁するマレー半島のほか、ボルネオ島に路線網が展開している。中心となるのはマレー鉄道（KTM）で、マレー半島におよそ1700kmの路線網を形成。北部のパダンブサールでタイ国鉄と接続し、南端の街ジョホールバルからジョホール海峡を越えてシンガポールのウッドランズトレインチェックポイントまで３カ国間を結ぶ国際ルートをなす西海岸線と、東海岸北部のトゥンパと西海岸線のグマスとを結ぶ東海岸線のほか、クアラルンプールとその近郊で旅客路線が営業中だ（121ページ）。

また、ボルネオ島北部のサバ州にはサバ州立鉄道が運行されている（123ページ）。

どんな列車が走っている?

マレー鉄道は東海岸線と西海岸線のグマス以南を除き電化されており、西海岸線ではETSが最高速度140kmで都市間を結ぶ。クアラルンプールと近郊およびパダンブサール～バターワース間などではKTMコミュータが普通列車と同様に地域輸送を担当。うちクアラルンプール都市圏ではラピドKLなどの都市電鉄線とともに11路線にわたる路線網を営業している。

非電化の東海岸線とトゥンパ～ウッドランズトレインチェックポイント（以下、ウッドランズTC）間ではKTMインターシティが運行されている。ETS、KTSインターシティはともに２＋２列のクロスシート車のモノスラス編成がメインだが、トゥンパ～JBセントラル（ジョホールバル）間の１往復はマレーシア唯一の寝台車が営業しており、１等車に相当する1+２列配置の座席車と食堂車も連結されている。シンガポールとの国境間は１区間運転のシャトル列車に乗継ぐことになる。

なお、マレー鉄道はタイ国鉄と同じ軌間1000m。ラピドKLと空港鉄道は標準軌1435mを採用、ラピドKLのうち1路線はモノレールである。

上手に乗りたいクアラルンプール都市電鉄

現在、クアラルプール圏の都市電鉄は11路線（系統）とBRT1路線が営業している。総延長は550kmに迫り、2024年中にも新路線の開業が予定されているなど1995年の開業以来順調な発展を続けている。2系統（スレンバン線とポートクラン線）はマレー鉄道が運営するKTMコミューターで、前者が135km、後者は126kmと規模的にも大きい路線だ。両線はプトラ〜KLセントラル間は同線路（西海岸線）を経由している。

ラピドKL同士の乗継ぎは通算運賃が適用されるが、KTMコミューターとの間は打切り計算となる。ともに自販機か窓口でトークンを購入するほかICカード式乗車券での利用も便利。KLセントラル駅の乗り入れ路線（125ページ）が複数あるので、長距離列車との乗継ぎにも利用しやすい。

クアラルンプールの都市電鉄は今後の延伸も計画されている。

マレーシアの鉄道旅の見どころ

3カ国を結ぶ国際ルート〜マレー鉄道〜

マレー鉄道の旅で、まず注目されるのがタイとシンガポールとを結ぶ国際ルートだろう。メインは西海岸線の縦貫で、パダンブサールとJBセントラルで国境を越えるが、KLセントラル以南の乗継ぎダイヤは良好とはいえない。途中、バターワースからペナン島への立ち寄り、クアラルンプールなどでの途中下車をしながらの南下がおすすめ。

東海岸線はローカル色がグっと濃くなる（ダボン）。

東海岸線を使った国際ルートも可能で、こちらは熱帯雨林に浮かぶ小さな街を結ぶジャングルルートが展開。非電化ということもあり、ローカルムードあふれる鉄道旅を体験できるルートだ。タイ側の国境はスンガイコーロク*で、徒歩で国境を越えるとマレーシア側のランタウパンジャンに着く。ここからは路線バスでコタバルへ。コタバルからはトゥンパ駅方面ゆきの路線バスが運行されているのでそれに乗継げばいい。コタバルはイスラム文化が濃厚に満ちた街。ここでの散策もおすすめしたい。トゥンパからは寝台車つき夜行列車がJBセントラルへ直行しているほか、昼行列車でダボンや奇岩や洞窟で知られるグアムサンなどでの途中下車も可能だ。

両ルートともマレーシア側の終点はジョホールバルのJBセントラル駅。ここでマレーシアを出国しシンガポールとを結ぶ国際シャトルに乗り換える。ジョホール海峡を橋で越えるとほどなく終点のウッドランズTC。シンガポールのイミグレーションはこの駅に設けられている。なお両国間の逆ルートの場合は、シンガポールの出国およびマレーシアへの入国手続きはともにウッドランズTC駅構内のイミグレーションで済ませる仕組み。

タイ（バンコク）～シンガポール乗り継ぎ例（西海岸線ルート）

駅＼列車番号		45
クルンテープアピワット	発	1610
ハジャイ	着	550
	発	720
パダンブサール	着	805

駅＼列車番号		EP9275 → EG9425 → ES41 → ST71
パダンブサール	発	935
KL セントラル	着	1509
	発	2140
グマス	着	010
	発	200
JB セントラル	着	625
	発	730
ウッドランズ TC	着	735

* 東海岸線ルートのヤラー～スンガイコーロク間は 2023 年 12 月 25 日に起きた洪水による路盤流出等の影響で 24 年 2 月現在運休中（バス代行中）。

魅惑のジャングルトレイン〜サバ州立鉄道

サバ州立鉄道はボルネオ島北部のサバ州で運行されている鉄道路線。州都・コタキナバルに位置するセンブラーンを起点に、南シナ海をかすめるように南下、ボーフォートを経てテノムに至るおよそ136kmの路線である。

運行系統はボーフォートを境に分断されており、前後で大きく異なる様相を見せている。センブラーン〜ボーフォート間はほぼ平地のなかを進み、近郊路線的な車窓を見せる一方、後半のボーフォート〜テノム間は熱帯雨林のなかをパダス川沿いに縫ってゆく行程となる。沿線ではカヌーや観光客向けのジャングルツアーも催されているが、主な任務は地元の人々の足であり、駅でもない密林のなかでの乗り降りなどは、まさにローカル中のローカル列車といった味わいだ。

タンジュンアル〜ボーフォート〜テノム間がそれぞれ2往復（ボーフォート〜ハロギラ間の区間運転のほか週末にはテノム発着が1往復増）本数が少ないこともあって行程は1日がかりといってよく、コタキナバル拠点の日帰りの片道はテノム〜コタキナバル間の路線バスとなる。ボーフォートとテノムにはホテルがあるので1泊してもいいだろう。

また、観光列車「北ボルネオ鉄道」が、蒸気機関車牽引のレトロ調編成で運行されている（蒸気機関車の燃料は「薪」を使用）。タンジュンアル〜パパール間を往復するツアー形式で、車内でランチコースなどが味わえるほか、パパールなどでは散策時間が設けられている（2024年2月現在運休中）。

ボーフォート〜テノム間では、運がいいと（？）こうした年代物車両と出合える。

サバ州立鉄道の乗継ぎ例

駅名	発着時間	
タンジュンアル	発	0745
ボーフォート	着	0940
	発	1330
テノム	着	1555
	発	1600（バス）
コタキナバル	着	1900頃

駅名	発着時間	
テノム	発	0730
ボーフォート	着	0951
	発	1101
センブラーン	着	1323

駅名	発着時間	
コタキナバル	発	0800（バス）
テノム	着	1100
	発	1300
ボーフォート	着	1545
	発	1715（バス）
コタキナバル	着	1915

（ジャングル区間のみを体験するプラン）

国際列車は通勤列車？

マレーシアと隣国のシンガポール間にはKTMインターシティが運行され、JBセントラル～ウッドランズ間を30分～1時間15分間隔でシャトル列車が行き交っている。いずれもディーゼル機関車牽引の客車列車で、車内にはJRの特急と同様のリクライニング式クロスシートを配列。所要わずか5分の国際列車だが、ジョホール海峡を列車で渡る感覚は独得の趣きがある。

この列車は通勤利用も盛んで、おもにジョホールバル側からシンガポールで働く人々が朝夕にこの列車を賑わせているのである。日々の通勤が国際列車というのも日本人にとっては現実離れしている世界かもしれない。また、観光列車「イースタン＆オリエンタル・エクスプレス」がこの駅を拠点にマレーシア国内を周遊するルートで運行されている。

なお、ウッドランズTC駅はホームなどの構内が写真撮影禁止なので要注意。

おもな駅と駅利用の注意点

KTMコミューターを含む都市電鉄線には自動改札が導入されている。それ以外のマレー鉄道各駅およびサバ州立鉄道は列車別改札と改札業務を省略している駅の双方があるが、列車別改札のある駅でも駅構内の発車案内表示やほかの利用客の動きをチェックしていれば迷うことはないだろう。また、一部の駅構内には売店があるほか、KLセントラルやパダンブサール、JBセントラル駅など駅ビルや飲食店が併設されている駅もある。

クアラルンプールの中央駅にあたるKLセントラル駅はマレー鉄道の中長距離列車ETSのほか、KTMコミューター、スカイパークリンクが乗り入れるターミナルとして機能。ラピドKLクラナジャヤ線とクアラルンプール国際空港とを結ぶKILAエクスプレス・KILAトランジット（129ページ）が乗り入れている。ただし、それぞれ切符売場と改札口が異なるので乗継ぎ等には余裕をもっておくほうが無難だ。また、隣接するショッピングモールを介してKLモノレールが接続。駅舎1階には路線バス乗り場も設けられ、都心のハブとしての利用価値も高い。

駅の設計は日本人設計家・黒川紀章によるもので、コンコースには飲食店やコンビニエンスストア、両替ブースなどが出店している。また、構内案内表示には日本語の記述もある。なお、黒川氏はクアラルンプール国際空港（KILA）の設計も担当した。

パダンブサール駅で発車を待つバンコクゆき寝台列車。右側がイミグレーションオフィス。

KLセントラル駅は路線ごとに切符売場と改札口があるので、案内表示に注意を配ろう。

車両のバラエティを見てみよう

車両の種類はあまり多くはないが、
線区ごとの個性を発揮している。

西海岸線のETS(特急）は日本の特急電車に通ずるデザイン。

クアラルンプール近郊電車。車内はクロスシートが主体だ。

シンガポールとの国際列車はどことなくレトロ風味が。

サバ州立鉄道のボーフォート〜テノム間には年代ものの客車も活躍。

JBセントラル〜トゥンパ間を結ぶマレーシア唯一の寝台車つき列車。

運行ダイヤの調べ方と切符の買い方

マレー鉄道の運行ダイヤはマレー鉄道公式ウェブサイト（https://www.ktmb.com.my）でPDFファイルがアップされている。ETSやKTMインターシティなど列車種別ごとにエアポートリンクを除くKTMの全列車が入手可能。

同サイトではETSとKTMインターシティ（シンガポールとの国際列車を含む）の検索と乗車券（座席指定・寝台車）の購入が可能だ。駅名の配列が州ごとになっているため、やや慣れが必要だが、乗車区間と日付（片道・往復）をインプットすれば予約対象の列車が一覧される。座席位置の指定もできるが、車両によっては窓のない座席（柱で遮られるのではなく、ほとんど壁）があるので要注意。購入には利用者登録（氏名やパスポートIDなどを記入）する仕組みで、クレジットカードで決済後に発券された乗車券をプリントして持参すれば乗車できる。

駅窓口で購入する場合は口頭で乗車区間や列車番号を伝えるか筆談でも構わない。ひとつ知っておきたいマレー鉄道ルールに、空席があっても乗車区間が短いと購入できないというものがある。たとえば、パダンブサール〜KLセントラル間のETS列車に空席があっても、距離が短いイポー〜KLセントラル間を希望しても購入できないケースがあり、これはウェブ予約でも同様の扱いになっている。

どこに泊まる?

マレーシアの宿泊は、高級ホテルを除くとビジネスホテルに近いタイプのほか「旅荘」などの節約派旅行者向けのゲストハウスなどがある。ビジネスホテルタイプだとKLセントラル駅周辺でも70リンギ程度と、節約指向でも比較的探しやすい。なお、マレーシアでは外国人旅行者に対し一律1泊1室あたり10リンギの観光税が課せられている。

現地編

マレーシアへの入国

マレーシア最大の空港はマレー半島にあるクアラルンプール国際空港（通称・KLIA（キリア））で、日本との直行便はこの空港に発着する。冒頭（116ページ）に記したとおり、KLIAからの入国の場合はデジタル入国カードの事前登録が必要なので事前に準備しておこう。到着3日前から専用サイト（116ページ参照）で受け付けている。登録すると次の入国以降は自動ゲートの利用が可能だ。通常は質問されることはないが、到着便の搭乗券の提示を求められるのでパスポートと一緒に提出を。

シンガポールやベトナムの都市ホーチミンなどとを結ぶ一部の便はクアラルンプール近郊にあるスルタンアボドゥルアジズジャー空港（通称・スバン空港）からの発着。マレーシアの国内線にはこちらからの発着便もある。

ボルネオ島のコタキナバル国際空港は国際線だけでなくクアラルンプールなどマレー半島からの国内線到着の場合でもパスポートを提示し入域手続きが必要。これは歴史上の経緯からボルネオ島の２州（サバ州・サラワク州）には強い自治権が認められているためで、マレーシア国籍者でも同様の扱い。マレー半島側に渡る際は一連の手続きは不要だが、コタキナバルに国内線で到着した際に失念しないように注意が必要だ。

陸路の場合は通常どおりイミグレーションにパスポートの提示を。

いずれのケースでも、申告物がない場合は税関はスルーできる。

KLIAは複数のターミナルがあるので利用のさいには確認を忘れずに。

空港鉄道を利用する

クアラルンプール国際空港からはKLセントラル駅とを結ぶ空港鉄道が最高速度160km/hで運行されている。同空港にはフルサービスキャリアが発着するKLIAとLCCターミナルのKLIA2があり、ともに駅が設けられている。列車は空港〜KLセントラル間がノンストップの「KLIAエクスプレス」と各駅停車の「KLIAトランジット」を運行。乗車券は窓口などで購入できるほか、公式ウェブサイト（https://kliaekspres.com/）からの事前購入も可能だ。サイトには運行ダイヤの案内もある。なお、KLセントラル駅では切符売場と改札口が別に設けられているが、日本語の案内表示があるので安心。

スバン空港とKLセントラル駅との間はスカイパークリンク線が運行されている。

マレーシアのICカード式乗車券

マレーシアのICカード式乗車券は「Touch'n GO」（タッチアンドゴー）と「myrapid」がある。利用範囲が広いのは前者で、KLIAエクスプレス・トランジットを含む都市電鉄線とバスが利用できる。「myrapid」はKLIAエクスプレス・トランジットは対象外。ともに自販機などで10リンギで購入し必要な額をチャージすればOK。

いよいよマレーシアの列車旅へ！

クアラルンプール圏の都市電鉄は、切符の代わりにトークンが採用されているほかは日本とほぼ同じ感覚で利用できる。無人運転を行なっている路線では編成端の座席から前・後方展望もOK。フリークエンシー運行で便利だが、いずれも短編成（2〜4両）のため路線と時間帯によっては混雑が激しく乗りづらいケースも……。

ETSなどの中長距離列車は全車指定席なので、乗車券に記された座席を探そう。こちらもJRなどの特急と同じ感覚で利用できる。

写真撮影は基本的に問題はないようだ。ひとつ気をつけたいのは、マレーシアはイスラム教が国教であり、ムスリムは写真に対し神経質な面があることである。記念撮影などをしたい場合は、ひと声かけて快諾をもらってからにしたいもの。たいていは笑顔で応じてもらえるものだ。

車内での過ごし方

マレー鉄道の車両（特に停車が少ないETSやKTMインターシティ）は冷房が効きすぎているきらいがあるため、薄手のカーディガンなど羽織るものを用意しているほうが無難。一度、手持ちの寒暖計で計ったところ、車内温度はなんと18度。表は軽く三十数度という灼熱下なので体調ばかりか、カメラの結露にも気を配らざるをえなかった。

車内販売は基本的にはないと考えるのが無難で、駅ホーム上での飲食物の販売もごく限られているのが現状。駅売店や構内の飲食店もKLセントラル駅やJBセントラル駅など一部に限られているので、事前に街中のコンビニエンスストアなどで調達しておくほうがいいだろう。

1往復だけ運行中の寝台車は、全行程でベッド状態なのでゆっくりと過ごせるのもいいところ。形式は「プルマン式」と呼ばれるスタイルで、通路を挟んだ両側に進行方向にベッドが設えてある（タイ国鉄の2等寝台も同じスタイル）。

一度は体験してみたいマレー鉄道唯一の寝台車。通路の両側に寝台がある。

column 03

「イースタン＆オリエンタル・エクスプレス」

東南アジアを走る豪華クルーズトレイン

「イースタン＆オリエンタル・エクスプレス」は、欧州の「オリエント急行」と同じくベルモンド社が運営する東南アジア随一の豪華列車。

キャビン（寝台個室）が41室あり、いずれもシャワールームが備えられ、ホテル並の居室を誇る。そのほか、「レストラン＆バーカー」でコース料理などが振舞われ、最後尾には展望車を連結している。

新型コロナ騒動のあおりをうけ運休が続いていたが、2024年2月から運行を再開。シンガポール・ウッドランズTC発着でマレーシア国内を3泊4日で周遊するルートで運行されている。

新型コロナ禍以前はタイに乗り入れていたが、再開後は乗り入れが中止されている。

column
04

シンガポールの鉄道

充実した都市電鉄網と貴重な国際列車を体験。

シンガポールの鉄道は、マレー鉄道が乗り入れているウッドランズＴＣのほか、都市電鉄のＭＲＴと新交通システムＬＲＴがシンガポール島の都市部に路線網を築いている。現在運行中なのはＭＲＴ６路線２３０・０㎞とＬＲＴ３路線28・６㎞。いずれもフリークエンシー運行をしており、エリア内での観光のほかチャンギ国際空港とのアクセスにも利用しやすい。ただし、ウッドランズＴＣ駅付近には乗り入れていないため、マレー鉄道との接続は路線バスが中心となっている。

乗車には「EZ－link」などのＩＣカード式乗車券かクレジットカード決済システム「SimplyGo」が必要。「EZ－link」は10シンガポールドル（うち5ドルは運賃として利用可能）で購入し、チャージは駅構内などの自動チャージ機で。ＭＲＴとＬＲＴのほか

空港ターミナルに隣接するドーム型複合施設「ジュエル」内ではターミナル間の連絡列車も。空港利用時などに立ち寄ってみたい散策ポイントだ。

バスやコンビニエンスストアなどでも利用できる。かつては紙の普通乗車券も利用できたが、現在はいずれかのカードが必要となった。

なお、構内は車内での喫煙や飲食は厳禁で、違反が摘発されると飲食では５００ドル（約５万５０００円）などの罰金が課せられる。

のんびりと鉄道旅を楽しむのとは異なるが、高架線から眺めるシンガポールの街並や暮らしぶりもまた新鮮だ。

ジョホール海峡をゆくマレーシア・シンガポール間の国際列車。ぜひ一度は体験してみたい。

column
05

インドネシアの鉄道

東南アジア随一の広大な鉄道網を誇る。
高速鉄道も開業し、今後の変化が注目される。

インドネシアでは、首都ジャカルタを擁するジャワ島とマレー半島に近いスマトラ島に鉄道路線網がある。主力は国鉄と国営事業者のクレタアピインドネシア（ＫＴＩ）で、両島にわたる５０４２㎞の路線網を国鉄が保有、クレタアピインドネシアが子会社とともに運行を担当している。運行と車両は緩急のほか４等級に分かれ、２０２３年には寝台個室やフルフラット座席などハイグレードな設備も登場した。ほかにジャカルタ都市圏に通勤電車が多数運行されている。

また、23年10月に東南アジア初となる高速鉄道「ジャカルターバンドン高速鉄道」がハリム～デガルアル間（１４２・３㎞）で開業。こちらはインドネシアと中国の合弁会社・インドネシア中国高速鉄道（ＫＣＩＣ）が運行、最高速度３５０㎞／ｈで運転

日本からの譲渡車両が活躍。低いホームへの対応なども見どころといえるだろう。

している。そのほか、ジャカルタの空港鉄道であるスカルノハッタ空港スカイトレインやジャカルタLRTが運行されている状況だ。

　また、日本から譲渡された車両が多いことでも知られているが、23年6月に鉄道車両の国産化政策が決定され、今後の日本からの輸出は極めて不透明な状況となった。

　ジャカルタ都市圏などでは、旧東京メトロ東西線用の電車など日本でお馴染みだった車両と再会するのも楽しみだが、一方で廃車され山積みになった車両も見られ、鉄道ファンは複雑な感想を抱くかもしれない。

インドネシアは人口の多さでも知られ、鉄道の混雑ぶりも伝えられている。

熱帯の暮らしを運ぶジャングルトレイン

サバ州立鉄道

ボーフォート駅で待望の邂逅

タンジュンアル駅を7時45分に出た列車は、定刻どおり8時40分に終点のボーフォート駅に到着した。

私がサバ州立鉄道を訪れたのは二度目。熱帯雨林の細道をゆく列車に魅せられたのが前年の同じころだった。常に細かな振動が列車と乗客をゆすり、ときになにもないところで停まっては乗客が乗り降りしてゆく。そのエキサイティングな鉄道旅をもう一度味わうべく、この地にやってきたのであった。

ふと訪れたコタキナバルのモスクでは、アザーンの美しい音色にしばし心を奪われた。

ボーフォート駅で発車を待っている"おんぼろ客車"の面々に感激！

だが、この先の列車は13時30分まで待たねばならない。駅界隈にはとりたててなにもなさそうな街で、折り返し列車の写真を撮ってみたり、商店街の食堂でお腹を満たしても時間を持て余してしまう。

しかし、待望の改札時間となりホームに躍り出た私は、思わず小躍りしたくなってしまった。

「あの列車ですよね？」

「はい、そうですよ。どうぞ」

駅員が手を向けた先で客待ちをしている列車は、先頭車両こそ平凡な気動車だが、その背後に朽ちかけたような古び

●ボーフォート駅

サバ州立鉄道は、この駅を境に運行系統が二分されている。ともに運転本数は少なく、タンジュンアル側とハロギラ～テノム間はそれぞれ2往復（週末は3往復）。ボーフォート～ハロギラ間はほかに2往復が設定されている。

た客車が連結されているのである。しかも最後尾の1両を覗いてみると、だだっ広い空間に小さなベンチがいくつか置いてあるだけで、どうみても貨車である。

「そうそう。こういうのに乗りたかったのだ！」

じつは、前年に訪れたときの車両は先頭の気動車と同タイプの単行運転で、期待していた客車とも貨車ともつかない車両にお目にかかることもできなかったのであった。この点でも無事にリベンジを果たすことになったわけだが、さすがに貨車もどきでは車窓どころではなく、中間の古い客車に席を確保した。

"おんぼろ客車"の車内。壁は木の骨組みがむき出しで、小さなベンチがおいてあるだけという簡素なつくり。

おんぼろ列車が密林の細道をゆく

ボックスシートというと聞こえがいいが、ようは木造の車内にベンチが枕木方向に並んでいるだけである。しかし、それがいいのだ。

そんな車内で発車待ちをしていると、徐々に列車が混み合ってきた。大半の乗客が沿線住民のようだ。そしてスコール。慌てて窓を閉めるが、心配するほどのことでもなく、発車するころには青空が取り戻されていた。

ボーフォート駅を出発してほどなく、私が座る右側の車窓にパダス川が迫ってきた。濁流が満々と水をたたえている。この先のサバ州立鉄道は、密林を水源にブルネイ湾に注ぐこの川沿いを遡ってゆく。空は広く、アブラヤシのプランテーションが広がるなか、小さな集落が転々としている。そんなところに小さなホームが現われ、幾人かの乗客が入れ代わってゆく。

ふと気づくと列車を取り巻く環境が一変していた。熱帯の森に突入し、ときおりパダス川が木々の間に顔を見せる。そして、そんななかにもわずかな家屋があり、「天主教」と漢字で書かれたキリスト教会が現われたりもする。やがて視界が開けたと思ったらサルワンガン駅に停車。さらに蛇行を繰り返してゆくと、ハロギラ駅に着いた。

周囲の乗客が次々と降りてゆく。

「ありゃりゃ？」

そんな情景を見渡していると、通りかかった青年が「あっちの列車に乗り換えるんです」と教えてくれた。ホームに出ると、片面ホームのテノム寄りに別の客車編成が停まっている。座席を確保しつつ様子を見ていると、乗ってきた編成にも乗客が乗り込

列車が走るのはこんな細道（本文紀行の前年に撮影）。

んでいる。なるほど。つまり乗客を入れ替えることで単線上の上下列車行違いをしているのであった。ハロギラ駅にはホームのない側線もあるが、乗客の乗り降りを考えるとこれはこれで合理的なのかもしれない。

おんぼろ列車は超満員に！

行違いのボーフォートゆきを見送ったあと、やや時間を置いて我がテノムゆきが発車。14時44分同時刻発のようだが、少し遅れているようだ。沿線はいよいよジャングルの真っただ中といった風情で、ときおりパダス川が目前にまで迫ってくる。車内はほぼ満員となったが、つづくラヨー駅には大勢の人々がこの列車を待っていた。前年に乗車したときは、ここで西洋人観光客の集団が乗り込んできた。どうやらパダス川でラフティングなどを楽しんできたらしいが、今日も行楽帰りらしい姿も見える。しかし問題はこの混雑。はたして乗り切れ

●パダス川
ラフティングなどもできるというが、この濁流では…？

●ハロギラ駅
ここでユニークな上下列車行き違いを体験。

るのかと心配になって見ていると、機関車のデッキにしがみつく人まで出てきてしまった。そして、そんななか停車した名もないような停車場からも新たな乗客が乗り込んでくるのだ。周囲には人家の気配すらないのに、この人たちはなにをしにここに来たのだろう……。

そしてここで乗り心地に違和感を覚えた。揺れが極めて常識的なのである。前年に乗ったときは「ユラユラユラユラユラ」と激しい震動が小刻みに続いていたものだが、それとは明らかに違う。窓に乗り出してレールを見ると、新品らしいPC枕木が続いており、どうやらここ1年の間に大規模な保線工事をしたようだ。その工事はまだ続いており、駅でも停車場でもないところで重機の作業を終えたらしい係員が列車に乗り込んできた。

やがて久々に集落が現れ、車窓が開けたなか列車は終点のテノムに着いた。時刻は15時55分。駅前広場に急ぐと、16時発のコタキナバルゆき最終バスが待っていてくれた。

●テノム　小さな街だが、宿泊施設があるのでここで1泊するのも一興。

第5章

鉄道新時代を迎えた内陸国を旅してみよう!

ラオス

ラオスを知ろう

アジアの原風景が息づく内陸国
ラオス——この地に着くと、
ときの流れの違いを実感できるかもしれない…。

ミャンマーと並び、ラオスは東南アジアにあって秘境的な味わいを残す貴重な国といえるだろう。東南アジア唯一の内陸国であり、国土面積は日本のおよそ6割。東側の国境線全域でベトナムと接するほか、北部で中国とミャンマー、西側をタイ、南側でカンボジアとそれぞれ接している。北緯14度付近から22度付近まで広がる南北に長い国土を持ち、首都ビエンチャンはそのほぼ中央に位置している。

国内産業は農業が主で経済的な発展は著しく立ち後れているとされている。交通も未発達で、幹線道路の多くで舗装が進んでいない状況だ。そんななか2009年にタイとを結ぶ鉄道が開通したほか、2021年にビエンチャンと中国の昆明(クンミン)とを結ぶラオス中国鉄道が開通。また20年にビエンチャン～バンビエン間に高速道路が開通するなど徐々に近代化が進みつつある。
とはいえ、開発にさらされていない地域が大半であり、各地で失われつつある昔ながらの暮らしや素朴な村こそがラオスといっていいかもしれない。また、敬虔な仏教徒が多く、タイと同様、各地に仏教寺院が点在しているのに接することもできる。鉄道などで僧侶の優先乗車などが見られるのも仏教国らしい情景だ。
米麺を用い肉味噌と香草などをふんだんに用いた麺料理「カオサイ」やラオス風チャーハン「カオクア」、フランス統治時代の遺産ともいえるフランスパンを用いたサンドイッチ「カオチーパテ」、餅米を焚いた「カオニャオ」などのラオス料理も注目されつつあり、ご当地ビール「ビアラオ」とともにぜひ味わってみたい味覚の数々である。

仏教寺院が連なるルアンパバーンの街並。メコンの流れもあくまでも雄大だ。

正式国名	ラオス民主共和国
政治体制	人民民主共和制
首都	ビエンチャン
面積	約24万km^2（日本の約63%）
公用語	ラオ語
日本との時差	マイナス2時間（標準時＋7時間）
通貨	キープ（1キープ＝約0.0071円）。バーツや一部では米ドルも通用する。
衛生	水道水を含む生水の飲用は避ける。デング熱の流行がしばしば発生。ビエンチャンを除きマラリアのリスクが高い地域がある。生食などによるA型肝炎に留意。医療体制は万全とはいえない。
気候	熱帯性気候で、概ね雨季（5～10月）、暑気（3～4月）、乾季（11～4月）に分けられる。
主要玄関	ビエンチャン国際空港（ビエンチャン）、タナレーン（鉄道・タイ／ビエンチャン）、タイ・ラオス友好橋（陸路・タイ／ビエンチャン）ほか
入国書類	日本国籍の場合、観光目的については15日までビザ不要。ただし、パスポートの有効期間が6カ月以上あることと見開き2ページ以上の空欄があること。出国または帰国交通機関の予約済みチケットを所持すること。
電源	220V/50Hz。プラグはAまたはCタイプが主流。

飲食や買い物事情、トイレなど	街中には食堂や商店はあるものの、街によっては数が多くないことや営業時間が短いケースも。コンビニエンスストアは 2023 年 9 月、ビエンチャンにセブンイレブン 1 号店が開店。トイレはホテル等では座式、公衆トイレでは跨座式が主流。トイレットペーパーは詰まりを避けるため個室内に設置されている容器に。なお、電子タバコは厳格に禁止されている。
鉄道以外の交通機関	都市間バスがあるものの、道路事情の関係から所要時間が長いなど利便性は高くない。一部区間にはメコン川経由の船便もある。
治安状況	反政府組織と政府軍との間で衝突が起きており、日本外務省は一部地域に「不要不急の渡航は止めてください」を発出している。道路事情にも難があるため注意が必要。

ラオス中国鉄道のビエンチャン駅は中国仕様で旅人を迎える。

ルアンパバーンの夜市にて。人々の優しさにも寛ぎを覚えた。

ラオスの鉄道路線一覧

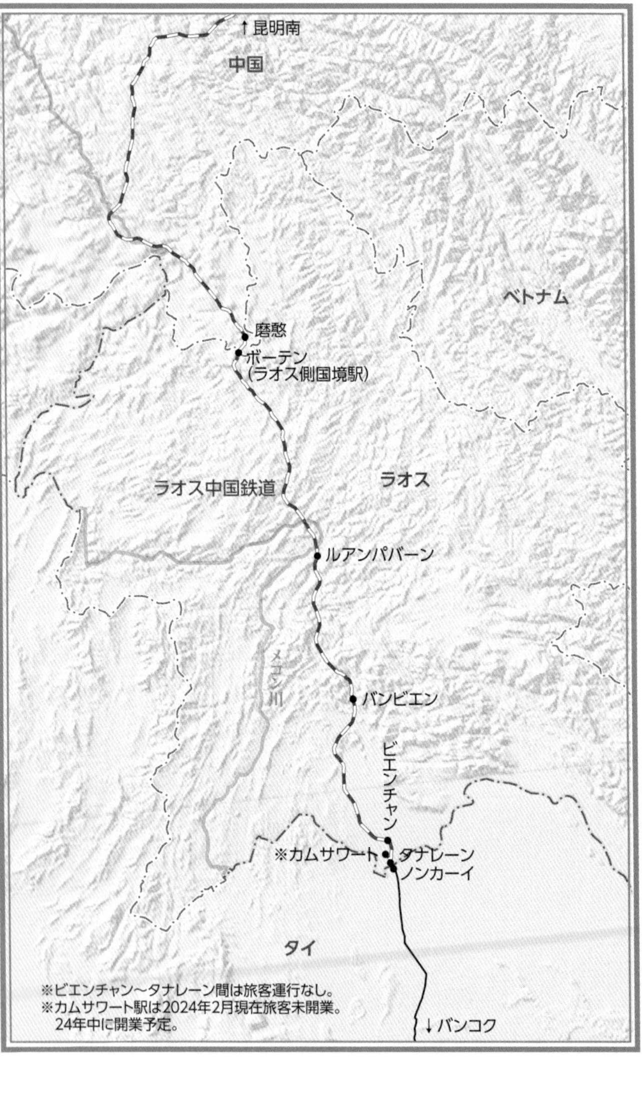

↑昆明南
中国
ベトナム
磨憨
ボーテン
(ラオス側国境駅)
ラオス中国鉄道
ラオス
ルアンパバーン
メコン川
バンビエン
ビエンチャン
※カムサワート
タナレーン
ノンカーイ
タイ
↓バンコク

※ビエンチャン～タナレーン間は旅客運行なし。
※カムサワート駅は2024年2月現在旅客未開業。
24年中に開業予定。

いよいよ発展がスタートしたラオスの鉄道

現在、ラオスで営業している鉄道は２路線。タイ国鉄東北線の延長区間にあたるノンカーイ（タイ）～カムサワート間16.5kmとラオス中国鉄道のビエンチャン南～ボーテン～中国との国境間421.6㎞である。前者はメコン川に建設されたタイ＝ラオス友好橋を経由する国際路線として2009年３月にノンカーイ～タナレーン間が開業。23年10月にカムサワートまで延伸し、24年中に延伸区間の旅客営業がスタートする予定だ。後者は21年12月に開業、ビエンチャンと中国雲南省の昆明南（クンミンナン）駅との間（1035km）で旅客列車を運行するほか貨物輸送の任に就いている。将来的には現在の２路線を取り込んだ形で中国～ラオス～タイ～マレーシア～シンガポール間を結ぶ壮大な計画がある。

ノンカーイ～タナレーン間が開業する以前は、東南アジアの鉄道後進国だったラオスだが、フランス植民地下にあった1893年にラオス南部のメコンに浮かぶデット島とコーン島とを結ぶ全長約７kmの鉄道路線が開業、1940年代まで運行されていた歴史がある。当時の線路跡はレールこそ撤去されたものの、高架や鉄橋を含め良好な状態で残されており、生活路などとしていまも利用されている。

開業以来盛況が伝えられているラオス中国鉄道。

タイ～ラオス国際路線

ノンカーイ～タナレーン間はシャトル式に普通列車が１日２往復運行されている。ノンカーイ発は７時30分と14時45分で所要時間は15分。カムサワート開業後のダイヤは未発表だが、本数増とタイのナコンラーシャシーマ発着便の設定などが伝えられている。タナレーン駅はビエンチャン市街の南東およそ20kmに位置しているが、駅に接続する公共交通機関はなく、駅で待機している乗合のワゴンタクシーを利用するか、駅前に延びる一本道をメコン方面へおよそ2km歩くとタドゥア通り（Thadeua road）にぶつかるので、タラートサオ（ビエンチャン市街）ゆき14番バス（友好橋国境事務所前経由）を捕まえればいい。私は2度この駅に降りたが、いずれもこのルートを利用した。

なお、現状ではカムサワート駅の旅客営業開始期日や公共交通機関のアクセスについての発表はされていない。営業開始日も同様で、23年12月に現地（国際列車車内とタナレーン駅）で訊ねたところ、「来年（24年）」というだけで現場にも情報は入ってないようであった。計画を立てるさいは他国語を含め信頼できる情報入手をおすすめしたい。

タナレーン駅で入れ替え作業中のタイ国鉄国際列車。

ラオス中国鉄道入門

ダイヤと編成

ラオス中国鉄道は全列車いずれも全車指定席となっている。2024年1月現在の運行本数は6往復。ここではビエンチャン駅発着ダイヤを表化してみたので参考にしてほしい。列車番号のDはラオス・中国間の国際特急、Cは特急タイプのラオス国内列車、Kは各駅停車である。

その日の充当編成により違いはあるが、D・Cには「ファーストクラス」

と「セカンドクラス」のほか「ビジネスクラス」が連結されることがある。現状では連結列車は限られているが、「ビジネスクラス」にはシェル型フルフラットシートなど旅客機のビジネスクラス並の座席を備えた車両も投入されている。「ファーストクラス」と「セカンドクラス」との差は2＋2列と2＋3列との違い程度で、シートピッチはともにJR在来線特急の普通車程度。普通列車に相当するKはボックスシート（肘掛けなし）のほか、昼行列車ながら1等寝台車にあたる「軟臥（なんが）」（4人定員のコンパートメントタイプ）が連結されているのがユニークだ。

ファーストクラスは2+2列席。

セカンドクラスは2+3列席庶民的（？）。

ラオス中国鉄道ビエンチャン駅発着時刻（2024年2月）

▲ビエンチャン発

発車時刻	列車番号	行き先	終着駅到着時刻
7:30	C86	ルアンパバーン	9:16
8:08	D88	昆明南	17:34
9:10	K12	ボーテン	14:40
10:35	C82	ルアンパバーン	12:39
13:05	C82	ボーテン	16:36
15:55	C84	ルアンパバーン	18:16

▼ビエンチャン着

到着時刻	列車番号	始発駅	始発駅発車時刻
12:12	C85	ルアンパバーン	10:20
15:23	C81	ルアンパバーン	13:20
16:34	D87	昆明南	8:07
20:38	K11	ボーテン	15:40
21:03	C83	ルアンパバーン	19:10
21:38	C81	ボーテン	18:20

乗車券の買い方

ラオス中国鉄道の乗車に際し、まず悩まされるのが乗車券の入手だ。現在、ラオス国内区間については乗車3日前（当日を含む4日間）からの発売で、ラオス～中国間は2週間前からの発売となっている。

購入は駅窓口のほか、ビエンチャンの繁華街であるタラートサオ（バスターミナルもここにある）にあるチケットオフィスでも可能だが、チケットオフィスでは現金やクレジットカードが利用できず、事実上ラオス人専用となっているので、必然的に駅での購入となるだろう。しかし、ビエンチャン駅はタラートサオから10kmほど離れており、タクシーか路線バス（28番）を利用することになる。つまり、前日以前に購入する場合は乗車日を含め市街地〜駅間を２往復するハメになるわけだ。また、各駅とも乗車券発売窓口の営業時間が個別に設定されている（昼休み休憩などがある）ので時間に余裕を持って臨むのが無難。当日購入も可能だが、窓口の営業時間が限られていることや、空席次第のため前日以前の購入をおすすめしたい。

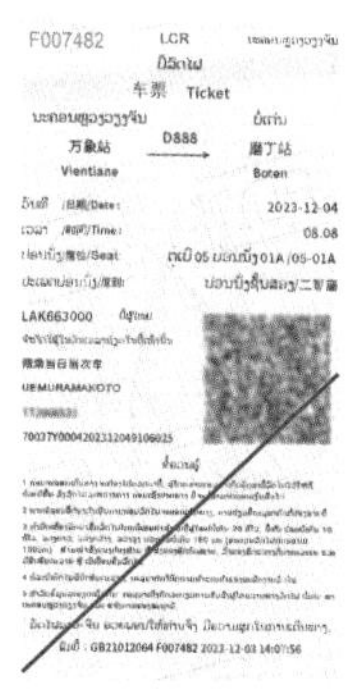

乗車前日に購入したビエンチャン〜ボーテン間乗車券。

スマホアプリを使った乗車券購入もできる

ほかに、スマートフォンのアプリ（英語）を用いた購入も可能で、私が乗車した際は駅窓口購入のほかこの方法も利用してみた。

使い方はシンプル。アプリでは乗車区間と日付を入力すると該当列車が一覧されるので、希望列車をタップするとその段階で購入可能なクラスが表示される。あとは順次タップしクレジットカード（現状では国際カードはVISAのみ）で決済し、発行されたQRコードを乗車時に改札で見せればいい――わけだが、そこに辿り着く前に利用者登録という関所があるのが悩ましいところだ。

利用者登録の問題点は電話番号。電話番号の登録が必須なのだが、どういう次第か番号冒頭の国番号がラオスの+856に固定されているため外国の電話番号が登録できないのである。対策はある。ビエンチャンに着いたら電話番号つきSIMカードを購入し手持ちのスマホに装着すればいいのである。購入はビエンチャンのワットタイ空港やタラートサオショッピングモール内などで可能だ。

登録もほかと同様画面にしたがって入力すればいいだけで、よほど機器やネットに慣れていないのでなければ、さほど迷わずに進められるハズ。

氏名やパスポートID、ラオス国内の電話番号などを記入し、最終段階ではSMSで本人確認用のパスワードが送られてくるのでそれを記入してエンターするという流れだ。

なお、ラオス国内のみの乗車時は乗車券購入時に発行されたQRコード画面を見せればいいが、中国では無効のため国際列車で国境を越える際は乗車駅の窓口でQRコード画面を見せて紙の乗車券を発行してもらうこと。国内利用の場合でも紙の乗車券と引き換えてくれるので利用してもいい。

なお、列車ダイヤと空席・満席状況までは登録の有無に関わらず検索可能なので、入手して損のないアプリといえる。

スマホアプリの列車一覧画面。各駅ダイヤも表示できる。

おもな駅と駅利用の注意点

タイ〜ラオス国際路線

タナレーン駅は改札がないのでそのまま構内に出入りできるが、旅客営業開始を控えているカムサワート駅は異なる扱いになる可能性もある。

タイのノンカーイからタナレーン駅に到着したら、入国手続きを忘れないように。ホーム上にイミグレーション窓口があり、その付近のテーブルに入国カードがあるので、記入してパスポートとともに提出。ノービザで観光入国の場合、通常は15日間の滞在が認められる。また、週末や時間帯によっては手数料（30バーツ）が請求されるので念頭に入れておこう。なお、タナレーン駅とその周辺での両替はできないが、ビエンチャン市街ゆきのバスやワゴンタクシー、構内売店ではバーツでの支払いができる。

ラオス中国鉄道

ラオス中国鉄道の各駅は俗に“中国式”と呼ばれるスタイルだ。駅舎入口で乗車券とパスポートチェックがあり、その先に空港と同様に荷物のX線検査ブースが待っている。そこを抜けると広大な待合所で、コンビニエンスストアなどが設けられているので簡単な買い物も可能。こうして書くとなにやら大げさなようだが、本場中国とは異なりX線検査などの係員はおおむね友好的で、構内の写真撮影も一部を除き問題はないようだ。

駅舎入り口には持ち込み禁止リストが掲げられている。

改札は列車別で、構内に案内表示（ラオ語・中国語・英語）があるほか、改札開始を告げる案内放送があると行列ができるので迷うことはないだろう。改札を通ると発車ホームに直行すればいいのだが、ホーム上での列車撮影をとがめるムキがあるので注意が必要かもしれない。特に列車編成端（車両前面）はきちんと断わってもすべての駅員から拒否されたばかりでなく（そもそも編成端の手前で駅員によって進入が拒まれている）、善後策として列車進入時にシャッターを切った際にも困ったような表情を見せた駅員がいたので、正式に制限されている可能性がある。ただし、ホーム上の駅名票や列車乗降の様子などを撮っているぶんに

X線検査ブース。意外とものものしさは感じられなかった。

はまったく問題はなかった。

なお、現状ではすべての駅が最寄りの市街地から離れているため、駅と市街地とを結ぶバスやワゴンバスが運行されている。ビエンチャンの場合、タラートサオ発着で片道2万5000キープ、所要30分程度。沿線の著名観光地・ルアンパバーンの場合、片道4万キープでおよそ30〜40分程度の道のりだ。

ラオス・中国の国境越えは、ラオス側のボーテンと中国側の磨憨（モーハン）でそれぞれ1時間停車している間に出入国手続きと税関手続きをする。なお、国境駅構内には免税品店も出店している。

ボーテン駅構内には免税店も。

列車別改札なので、こうして行列ができる。

運行ダイヤを調べよう

タイとの国際列車はタイ国鉄公式ウェブサイトでPDFの時刻表がダウンロードできる。いくつかの路線があるなか、東北線（North Eastern Line）をチョイス。タイ国鉄の駅でも時刻表のプリントが配付されていることがあるので利用してみよう。

ラオス中国鉄道は、スマホアプリと駅での案内が最も確実。前項で紹介したとおり、アプリを介して列車ダイヤと空席・満席状況までは誰でも知ることができる。

ラオスの宿事情

いわゆる安宿を利用することもできるが、宿探しを含めやや慣れが必要かもしれない。1泊数百円のレベルと格安な代わりにエアコンがなかったり蚊対策が十分でなかったりするケースも。逆にそうした旅に慣れていれば街を歩きながらの宿探しも楽しみのひとつだ。

一方、鉄道駅があるビエンチャンをはじめ、バンビエンやルアンパバーンなどは著名観光地でもあり、旅慣れない外国人でも利用しやすい宿泊施設は少なくない。宿泊予約サイトでも多数取扱っているので、ネットで事前予約をしてもいいし、その情報を参考にして現地で探してもいいだろう。ただしラオス国内の諸物価と比べ宿泊料金はけっして安いとはいえず、ここで挙げた街では1泊3000円台から2万円弱という宿もザラ。しかし、ネット予約ではエアコンをはじめ設備関係や付帯サービスなどを事前にチェックできるなど、安心料込みと考えれば利用価値は高いのではないだろうか。

鉄道各駅のうち、中国国境に近いボーテンは中国主導の経済特区開発で中華人民共和国式の街が形成され、ホテルも開業している。中国人向けカジノや売春宿などが埃っぽい造成地にでっち上げられたといった風情で、ある種のＳＦで描かれるような街になっている。

日本からのアクセス

鉄道での入国はバンコクまたは昆明からの列車利用となるだろう。日本〜バンコク間の空路状況は90ページを参照。昆明の場合は昆明長水（クンミンチャンシュイ）国際空港での中国入国が便利だが、日本との間には直行便が設定されておらず、バンコク、香港（ホンコン）、台北（タイペイ）、仁川（インチョン）経由便などの利用となる。時間に余裕があれば、上海（シャンハイ）や広州（クワンチョウ）などからの鉄道利用もおすすめできる。

空路での入国はワットタイ国際空港が便利。やはり日本との間に直行便がないため、バンコクやソウル、広州などでの乗継ぎが必要。

入国から主要駅まで

すでに記したとおり、鉄道で入国した際は駅からワゴンタクシーやバスなどでビエンチャン市街地とのアクセスができる。ビエンチャン駅からはビエンチャンのワットタイ国際空港や友好橋とを結ぶ便も発着している。

ワットタイ国際空港での手続きは15日以内の滞在であれば入国カードの記入と提出のみで、通常はイミグレーションでの質問もなく通過できる。それ以上の期間の場合は事前に大使館でビザを取得するか、空港にあるビザカウンターでアライバルザを取得すること。

空港内では両替やSIMカードのブースも出ているので必要な人はここで済ませておくと便利。ラオス中国鉄道アプリで乗車券予約をしたい人は電話番号つきSIM購入を忘れずに。ビエンチャン市街との間はタラートサオなどとを結ぶシャトルバスが運行されているほかは定額タクシー（空港～市内中心部間）利用となる。

ビエンチャンでは元都バス車両が左ハンドルに改造され活躍中。

タイ・ラオス友好橋のタイ側国境ポイント。

いよいよラオスの列車旅へ！（ラオス中国鉄道）

ラオス中国鉄道を利用する旅では、やはりビエンチャンで1泊してからのスタートのほうが無難だろう。アプリで乗車券購入ができた場合は、乗車日にバスなどでビエンチャン駅へ。そうでない場合は、まずビエンチャン駅に行って乗車券を購入しておこう。乗車直前の購入も可能だが、ラオス中国鉄道は比較的混み合っており、私が2023年12月に訪れた際も、もしアプリ予約が利用できていなかったら予定どおりにいかないところであった。いずれにしてもビエンチャン市街のタラートサオバスターミナル（タナレーン駅方面や空港、ビエンチャン駅とを結ぶバスはここの発着）で運行ダイヤをチェックしておくと安心だ。

タラートサオとビエンチャン駅とを結ぶバス（28番）はやや余裕ある乗継ぎダイヤになっている。実際には発車5～7分前まで改札を通れるが、荷物検査もあることから早めに到着しておくほうがいい。帰路はビエンチャン駅の到着列車旅客出口（各駅とも中国式に到着旅客用に別個の出口が設けられている）付近でバスが待機している。

ビエンチャン駅へはこのマイクロバスを利用。時刻表はターミナル等に掲出されている。

車内での過ごし方

列車は全車指定席で、日本の特急と同じ感覚で乗車できる。車内は「ビジネスクラス」を除き〝集団見合い式〟にクロスシートを配置。車両中央部分のみテーブルつきの向かい合わせシートだ。

列車番号がC・Dの列車では車内に売店カウンターが設けられている。また、ワゴンによる車内販売も実施されている。ただしビエンチャン〜昆明南間など長時間乗車の場合は弁当などを持参しておくほうが無難かもしれない。

写真撮影については、154ページで触れた列車編成端（車両の前面）を除き、車内撮影等はほぼ問題がないようであった。

車内販売カウンター。ワゴン販売も実施されている。

ラオスの鉄道旅の見どころ

なによりもまずノンカーイ〜タナレーン（カムサワート）間のタイ・ラオス国際列車は体験したいもの。メコンに架かる友好橋は道路併用橋で、列車通行時のみ自動車の通行がストップされる。自動車の通行はラオスが右側、タイが左側と異なるが、友好橋とそのとりつき区間は左側通行だ。

ラオス中国鉄道はビエンチャンから2駅目のバンビエン以北はトンネル区間が増えて車窓が途切れ途切れになりがち。そんななか、バンビエン付近ではカルスト地形が展開し、山水画を連想するような奇景が車窓を彩る。途中のバンビエンやルアンパバーンは観光地としても有名。とはいえ、開発とほとんど無縁なままであり、アジアのよき田舎を実感できること請け合いだ。

タイ・ラオス国際列車から望むラオスの車窓。

参考までに、ビエンチャン〜ルアンパバーン間の所要時間は1時間45分〜2時間35分。鉄道開業以前は航空かバスがおもな交通手段だったが、同区間のバスの所要時間はおよそ9時間。この鉄道の開業が、今後のラオス観光や人々の暮らしに大きな変化をもたらしてゆくのかもしれない。

column 06

中国の鉄道

壮大な路線網を誇る鉄道王国。
数泊を要する列車や寝台車つき高速列車なども。

いまや世界屈指の鉄道大国となった中国。総延長は15万9000kmに及び、高速鉄道のみをとっても4万5000kmにまで発展してきた。今後も新線の建設が表明されており、2050年には27万kmを超えることが予想されている。広州（クワンチョウ）～ラサ間4980km（所要54時間30分）を筆頭に2泊以上を走る長距離列車が多いのも中国鉄道のスケールを物語る。国際列車も本書で紹介したラオス中国鉄道のほかロシアとモンゴル、カザフスタン、ベトナム、北朝鮮との間で運行され、スケールの大きな鉄道旅の可能性を持つのも中国といえるだろう。地下鉄をはじめとする都市交通の発展も著しく、北京（ペキン）と上海（シャンハイ）で総延長800kmを超えているほか、広州の652kmや成都（チェンドゥ）の561kmなど500kmを超える都市も複数出現している状況だ。

広州駅で発車を待つ昆明ゆき列車。車窓からもそのスケールが実感されるだろう。

かつては乗車券入手からはじまる苦行の模様が書籍や雑誌などを通じて伝えられてきたが、近年はオンライン予約も発展し、以前と比べると入手しやすくなった。システムのなかにはラオス中国鉄道アプリと同様に中国国内の電話番号が必要など外国人に使いづらい面もあるが、ネット予約に対応している予約サイトもあり、外国人でも気軽に利用できる。

なお、かつては15日以内の観光目的であればノービザ入国ができたが、現在は事前の観光ビザ取得が必須。

上海リニア。2018年9月当時は430km/h運転が実施されていた。

column 07

ベトナムの鉄道

近現代史と切り離せない「統一鉄道」。ベトナムの体臭が行きわたる濃密な汽車旅が旅人を待つ。

ベトナムの鉄道路線は国鉄に相当するベトナム鉄道公社が運営する2632㎞の路線網のほか首都・ハノイに都市電鉄を運行するハノイ都市鉄道があるほか、ホーチミン市地下鉄が建設中で、一部は2024年中の開業が予定されている。

鉄道ファンにとって最も注目されるのがハノイ～ホーチミン間の南北線だろう。俗に「統一鉄道」とも呼ばれ、ベトナムの南北に細長い国土を縦断する1726㎞の鉄道旅が旅人を魅了する。特急クラスの速達列車でも2泊を擁する長旅であり、続々と展開する車窓はもちろんのこと、ホカホカのご飯やアツアツのドクダミスープに美食で知られるベトナムの味覚を車内で味わうのもまた格別だ。途中、古都フエやビーチリゾートやミーソン遺跡で知られるダナンなどに途中下車しながらの

ときに変わらぬ車窓が続くなか、インドシナを縦断する実感を覚えるのかもしれない。

旅もおすすめできる。

車内設備については、寝台車に1等の2段式4人室と一部に2人室があり、居住性は良好。2等は3段式だ。座席車にはリクライニング式シートのほか木造ボックスシートもあり、後者は庶民的なムード満点。

また、中国との間を結ぶ国際列車も運行されているハノイ－ドンダン線やベトナムで数少ない標準軌路線（ベトナム鉄道の大半は1000㎜ゲージ）であるケプ・カイラン線に乗ってハロン湾を訪れるのも一興だ。

ハノイの鉄道名所“トレインストリート”。内外から多くの観光客を集めてきた。

ラオス中国鉄道がラオスを駆ける

ラオス中国鉄道

巨大な駅に圧倒され

「こりゃぁ、ほとんど中国の鉄道そのものじゃないか」

ビエンチャン駅には前日にも足を運んでいたが、乗車券購入のためだったのでホームや待合室に入ることはできなかった。空港か室内競技場を連想するほど広大な待合室を2階の売店スペース——カフェが1軒営業しているだけなのだが——から俯瞰しつつ、なにもここまで大袈裟にしなくてもとの感想を抱いた。それが、こうしていよいよ列車に乗る段階になってみると、広大なだけで売店ひとつない殺風景なホームに、なにやらラオスに不似合いなものを感じて

●ビエンチャン駅
私が立ち寄った3駅とも、駅舎のデザインはほぼ共通していた。駅前には送迎スペースがある。

改札がはじまり列車に急ぐ乗客たち。ホーム上には売店などはなく，どことなく殺風景だ。

しまったのである。

そもそも、待合室に入るのも入口での乗車券と身分証明書のチェックがあり、そこを抜けると手荷物のX線検査場が待っているあたりも妙に物々しい。同じような体験は中国の鉄道で何度かしていたし、空港を利用していると思えばどうということのない手続きではあるのだが、ようはこれが新たに誕生したラオス中国鉄道ということのようだった。

その初乗車となる昆明南(クンミンナン)ゆきD888列車に乗り込んだ。ラオス中国鉄道の旅のスタートである。

●ビエンチャンを走る京都市営カラーのバス

157ページで触れた都バスをはじめ日本からの中古車両が活躍している。運転席やトビラの左右入れ替えをどうしたのか興味がわくところだが…。

思わぬハードルを克服

ラオス中国鉄道が開業したのは２０２１年12月３日。ラオスの首都・ビエンチャンと中国国境に近いボーテンとを結ぶ全長４２２・４㎞の電化路線で、国境を越え中国雲南省の省都・昆明市にある昆明南駅とを結ぶ国際旅客列車や国際貨物列車も運行される国際路線である。旅客列車の最高速度は１６０㎞／h。これまでラオスの鉄道はタイ国鉄東北線の末端区間であるノンカーイとタナレーン（24年中にカムサワートまで延伸予定）間だけだったが、ここに高規格の新路線がお目見えしたわけだ。

しかし、実際に乗ってみようとしたところ悩ましい問題が立ちはだかった。肝心な乗車券入手が一筋縄でいかなかったのである。

最大の問題は、乗車券の発売が４日前（ラオス～中国の国際区間は14日前）

●タラートサオ　市内近郊バスのターミナルやショッピングセンター、ホテルなどが集まる繁華街。

からということと、外国人のオンライン購入がしづらいということだった。

本書151ページにも概略を記したが、ラオス中国鉄道の乗車券入手方法は次の3通りがある。

①駅窓口で購入

②タラートサオ（ビエンチャン市街中心地）にある乗車券販売所で購入

③専用スマホアプリで購入

①の駅窓口が最も明解な手段だが、ビエンチャン市街地と駅との間をわずかな本数の路線バスかタクシーなどを利用せざるをえない。つまり、前売を購入するためには乗車時と合わせ2往復するハメになるのだ。その点②の販売所は便利だが、クレジットカートはおろか現金すら受け付けておらず（支払いにはラオス銀行の口座が必要）外国人旅行者が閉め出された状態。③のスマホアプリは簡単に入手でき、運行ダイヤや運賃、空席・満席状況のチェックもできる。しかし、乗車券購入のための利用者登録にラオス国内の電話番号が必要なとこ

●ビエンチャン駅の切符売場
窓口の係員はテキパキとしており、使ってみればどうということはないが、休憩時間帯があるなどわずらわしい面も…。

ろがネックになってしまう。

結局、タラートサオで電話番号つきSIMカードを購入して利用者登録を済ませ、アプリ購入とビエンチャン駅窓口での購入とふたつの手段を試してみることとなった。アプリの使い方は簡潔で、窓口もスムースに利用できた。これで次の訪問時は日本出発前に予約ができそうだが、外国人旅行者に対する利便性に疑問符がついてしまうことは否めない。

ラオスの新鮮な車窓が展開してゆく

最初のランナーは昆明南ゆきD888列車。緑ベースに赤と黄色のラインが入った流線形の顔を持つ電車である。なにより緑ベースの塗色が新鮮だ。とすれば、まずは先頭車両の〝顔〟をカメラに収めたいところ。ところが、編成端の真横に立っている係員に「ここから先はダメ」だと制止されてしまっ

ラオス中国鉄道は物流幹線でもある。すでにタイとを結ぶ物流ルートにもなっている。

た。カメラを見せて「記念に撮りたいのだが」と話し掛けても敵意漂う表情を崩さない。「なぜだ?」と訊いても取りつく島がないのであった。別の駅では、ちょうど近くにいた女性駅員に「前を撮りたいんだけど」と訊いたところ、困ったような顔をして「ダメなんです」という。

ところが、ならばとホーム上や列車の前面以外を撮ってみてもなんらおとがめがないのである。冒頭に中国云々と記したが、中国国鉄で列車の先頭を撮っていても多くの場合で問題はないし、念のため「撮っていいか?」と訊けば、たいていは「どうぞ」ということになるものだ。異なる対応をされる可能性はあるのだろうが、列車の顔のなにが問題なのかがさっぱりわからない。

さて、予約したのはセカンドクラス。新幹線普通車と同様に3+2列にリクライニング式クロスシートが並ぶ。ただし、中央付近を境に座席が向かい合う〝集団見合い式〟になっているのが日本の鉄道と異なる。ヨーロッパや韓国で見られるスタイルだが、座席の転回を犠牲にしてシートピッチを詰めたのかも

●**集団見合い式シート**　構造上、中央部分が向かい合わせ駅になり、グループ席扱いにしている国もある。

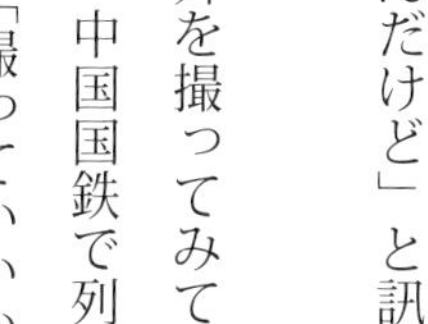

しれないが、後で乗ったファーストクラスの座席下には転回用と思われるベダルが……。謎めいたところも新たな鉄道の面白さではある。幸い、指定されたのは進行方向2列席の窓側であった。

しばらくすると、音や揺れもないまま静かにホームを離れた。ビエンチャン駅とはいってもつくられたのは郊外で、駅を出ても車窓になにが目立つわけでもない。しかし、開業に注目してきたあのラオス中国鉄道の初乗車である。このワクワク感は鉄道旅の魅力のひとつだろうと思う。

列車は順調に速度を上げ、室内の電光掲示板を見ると早くも160㎞/hを示している。走行感もなめらかで、乗り心地は快適だ。線路の周囲一帯は緑の世界で、耕作地や家屋の小さな群れがときおり車窓を過(よぎ)ってゆく。手つかずの田舎だと思った。ふと気づくと、車窓の前方に切り立った山々のシルエットが見えてきた。最初は見え隠れしていたそれは、やがて車窓を圧倒しはじめる。列車はナムソン川沿いの小さな街・バンビエンに近づきつつあるようだった。

●メコン流域をゆく
右下に見える船は旅客船。ただしその道中は一筋縄ではいかないらしい。

バンビエン周辺はカルスト地形が広がり、鍾乳洞なども多数みられるという。そのバンビエンには9時ジャストに到着。西洋人グループが入れ代わるように乗り降りしてゆくのが目立った。

バンビエンを発車するとにわかにトンネルが増え、山岳地の様相を見せてきた。列車はルアンパバーンに停車すると、およそ170kmをノンストップで駆け抜け、11時7分、国境駅のボーテンに到着した。ここで下車組と中国ゆき組とに分かれ、中国ゆきの乗客は駅構内のイミグレーションでラオス出国手続きをする。列車のボーテン発は12時7分。国境を越えた磨憨（モーハン）駅では中国の入国手続きがあり、こちらでも1時間の停車時間がある（13

バンビエン〜カシ間の車窓。おとぎ話のような村といった表現があるが、素朴にそんな思いを抱かざるをえなかった。

●ボーテン発12時7分↓磨憨着13時19分
ラオスと中国との間には1時間の時差があるため実際の両駅間の所要時間は12分である。

ボーテン駅に到着。駅前には工事関係と思われる敷地と建物があるほかは閑散としていた。隣に座っていた若い女性はここで降りたが、なにをしに来たのだろうか…。

時19分着〜14時19分発）。

ルアンパバーンを一夜の地に

ボーテンは中国主導で「経済特区」とされ、開発のさなかにあるという。駅前の通りにもダンプの姿が見える。ここで泊まって中国式開発の様子を見学するのも興味深かったが、13時35分発のD887列車でルアンパバーンに向かうことにしている。

列車はD888とは異なり白地ベースに青と赤のラインが入った電車

であった。荷物棚に並ぶ荷物はいずれも大きめなのは、この列車が遠く昆明から走ってきたからだろうか。あいにく指定された席は通路側だったが、左右両側の窓に流れる風景を遠目に眺めることはできる。ついさっき通ってきた線路を戻り、ルアンパバーン駅には14時45分に着いた。

ルアンパバーンは14世紀半ばに築かれたラオス初の統一国家「ラーンサーン王国」の都だった街である。メコンとナムカン川の合流地点に位置し、近年はラオス屈指の観光地としても広く知られるようになった。

駅は市街地から12㎞ほど離れており、駅前広場でワゴンタクシーが客待ちをしていた。片道4万キープ。走り出すとすぐに森であり田舎である。簡易舗装された道路のひなび具合もそれを物語っているが、そんな道を快調に走り、静かに賑わうルアンパバーンの街に着いた。今日はこの地で1泊し、明日の夕方の列車でビエンチャンに戻る乗車券をアプリで購入してある。今夜はまず、メコンの夜景を眺めながらビアラオで乾杯することにしよう。

●ルアンパバーン
この古都はすでに観光地化されているが、それでも素朴で静かに過ごせる印象だ。

おわりに

取材活動に終わりはありませんが、ここで改めて現状を俯瞰してみると、鉄道の世界の変化に驚かされます。

本書では海外鉄道旅初心者や、特にこれからチャレンジしてみたい方にもお役に立てればという思いで、ごく初歩的な内容を中心にまとめてみました。旅のヒントなどとしていただければ幸いです。

なお、写真のうちタイは相棒の写真家・米山真人さんとの同行取材ぶんからその一部を使わせていただきました。私自身も撮ってはいるのですが、こういう機会は写真の勉強にもなるのだなぁと改めて実感した次第です。また、紀行文のうちタイ・メークロン線は同人誌『旅の眼』（旅行作家の会）に寄稿した同名のエッセイを一部修正のうえ掲載しました。

制作・出版にあたりましては、天夢人編集部の北村光さんに指揮を執っていただきました。この場をお借りして謝辞とさせていただきます。またタッグを組みましょう！

２０２４年　２月吉日

植村　誠

<参考文献>
●書籍雑誌
タイ鉄道散歩（藤井伸二／イカロス出版）
タイ鉄道旅行（岡本和之／めこん）
台湾鉄道の旅完全ガイド（イカロス出版）
東南アジア全鉄道制覇の旅迷走編（下川裕治／双葉文庫）
東南アジア全鉄道制覇の旅（下川裕治／双葉文庫）
椰子が笑う汽車は行く（宮脇俊三／文春文庫）
中国鉄道時刻表（中国鉄道時刻研究会、中国鉄道時刻表編集委員会）
インドネシア鉄道の旅｜魅惑のトレイン・ワールド（古賀俊行／犬童ブック）
地球の歩き方　タイ／マレーシア／ミャンマー（ビルマ）／台湾（ダイヤモンド・ビッグ社）
アジアの鉄道　18国最新事情（和久田康雄、広田良輔・吉井書店）
月刊観光交通時刻表（観光交通文化社）　　ほか
●WEB
各鉄道会社公式ウェブサイト
スカイスキャナー
グーグルマップ
カカオマップ　　ほか

Profile

植村 誠

1965年埼玉県生まれ。幼少時に気動車王国千葉県に転居。「どん行」と夜行列車の旅を愛して数十年、日本国内のほか東南アジア諸国や韓国、台湾、欧州など海外の鉄道をテーマに取材・執筆中。著書に『ワンテーマ指さし会話 韓国×鉄道』（情報センター出版局）、『絶対この季節の乗りたい鉄道の旅』（共著・東京書籍）、『知っておくと便利 鉄道トリビア集』（天夢人）、『寝台特急「北斗星」「トワイライトエクスプレス」の記憶』（天夢人）など。
インスタグラム @uemura_makoto_catpond

編集　北村 光（「旅と鉄道」編集部）
デザイン　田中麻里（フェルマータ）
校正　木村嘉男
写真協力　米山真人・PIXTA・Photo Library
地図　GEO

旅鉄HOW TO 013
アジアの鉄道旅行入門 令和最新版

2024年3月21日　初版第1刷発行

著　者　植村 誠
発行人　山手章弘
発　行　株式会社 天夢人
〒101-0051　東京都千代田区神田神保町1-105
https://www.temjin-g.co.jp/
発　売　株式会社 山と溪谷社
〒101-0051　東京都千代田区神田神保町1-105
印刷・製本　株式会社 シナノパブリッシングプレス

◉内容に関するお問合せ先
「旅と鉄道」編集部　info@temjin-g.co.jp　電話 03-6837-4680
◉乱丁・落丁に関するお問合せ先
山と溪谷社カスタマーセンター　service@yamakei.co.jp
◉書店・取次様からのご注文先
山と溪谷社受注センター　電話 048-458-3455　FAX048-421-0513
◉書店・取次様からのご注文以外のお問合せ先
eigyo@yamakei.co.jp

Printed in Japan
ISBN 978-4-635-82556-6